Das Mathebuch 3

Lernkompass

Lernbegleitende Diagnostik

Name: ______________________________

W0343602

Klasse: ___________

Erarbeitet von:

Anja Finke

Cathrin Höfling

Ulrike Hufschmidt

Myriam Kolbe

Julia Michalke

Dr. Sebastian Walter

Mildenberger

1 Trage in eine Stellenwerttabelle ein.

a)

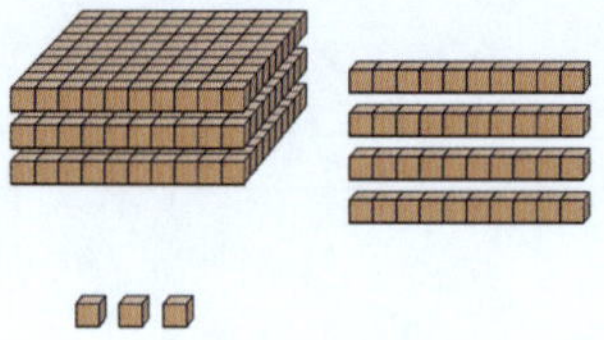

T	H	Z	E

b)

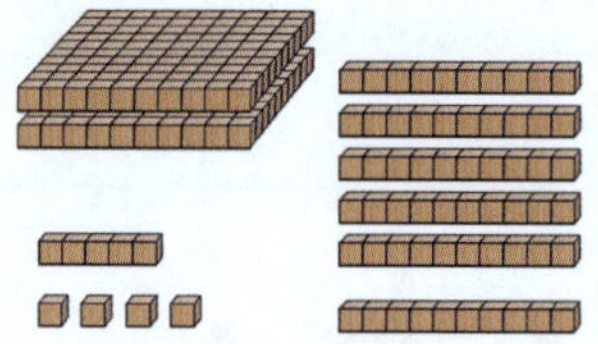

T	H	Z	E

c)

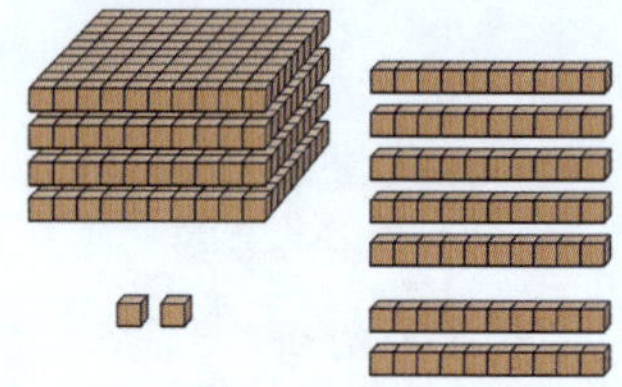

T	H	Z	E

2 Zeichne und schreibe mit Ziffern.

a)

T	H	Z	E
	2	4	6

b)

T	H	Z	E
	3	0	8

c)

T	H	Z	E
	1	5	0

3 Schreibe das Zahlwort mit Ziffern.

a) einhundertzwei

sechshundertvier

sechshundertzwanzig

vierhundertzehn

b) siebenhundertdreizehn

fünfhundertfünfundfünfzig

einhundertachtundvierzig

tausendfünf

4 Schreibe auf zwei Arten.

a) 700 5 10

b) 300 80 9

Diese Aufgaben waren für mich

1 Trage ein.

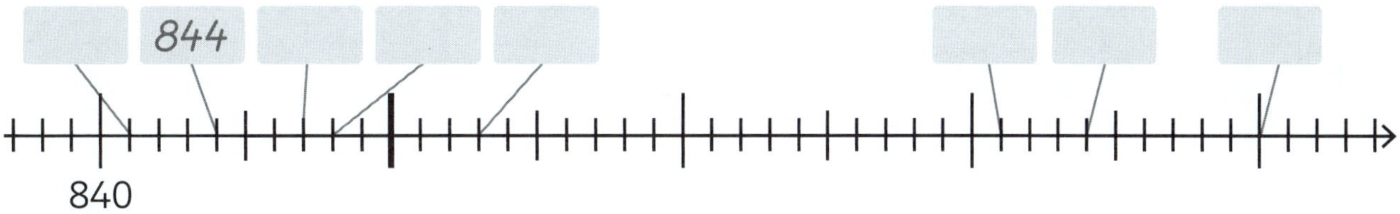

2 Verbinde.

884 890 892 901 909 920

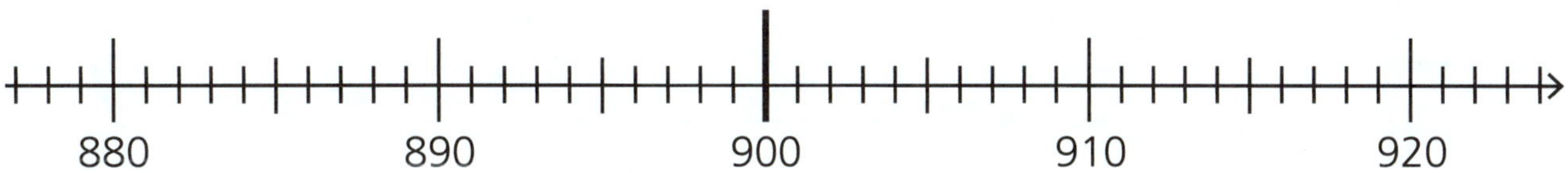

3 Trage ein.

Vorgänger	Zahl	Nachfolger
	46	
	351	
	299	

Vorgänger	Zahl	Nachfolger
	666	
	780	
	1 000	

4 Trage ein.

Nachbar-zehner	Zahl	Nachbar-zehner
	127	
	369	
	254	

Nachbar-zehner	Zahl	Nachbar-zehner
	247	
	999	
	789	

5 Trage ein.

Nachbar-hunderter	Zahl	Nachbar-hunderter
	55	
	364	
	516	

Nachbar-hunderter	Zahl	Nachbar-hunderter
	467	
	729	
	985	

Diese Aufgaben waren für mich ☺ 😐 ☹

1 Welche Zahlen verstecken sich unter den Bildern?

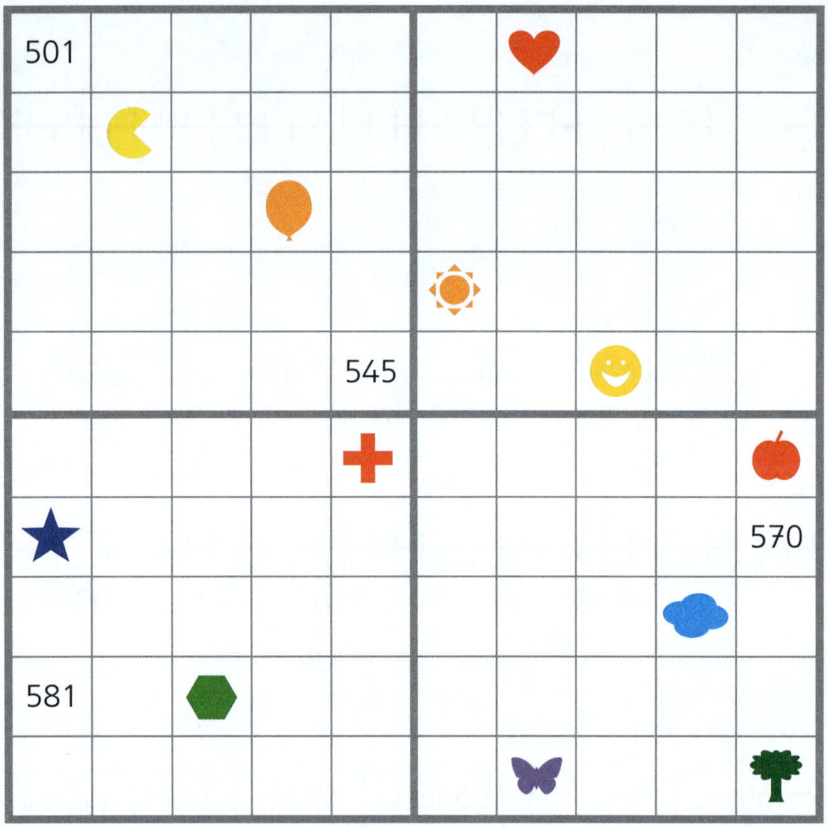

2 Trage ein.

a)
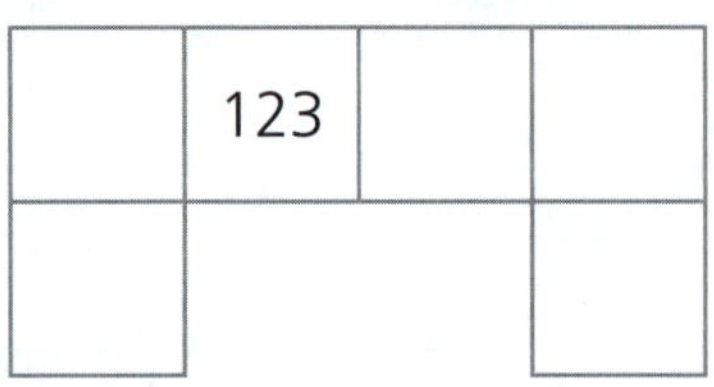

b)
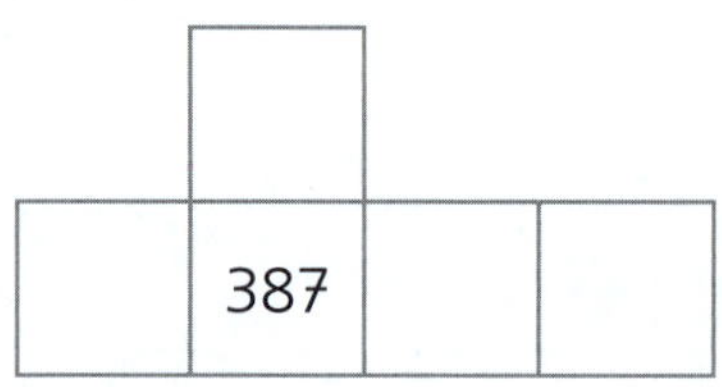

c)
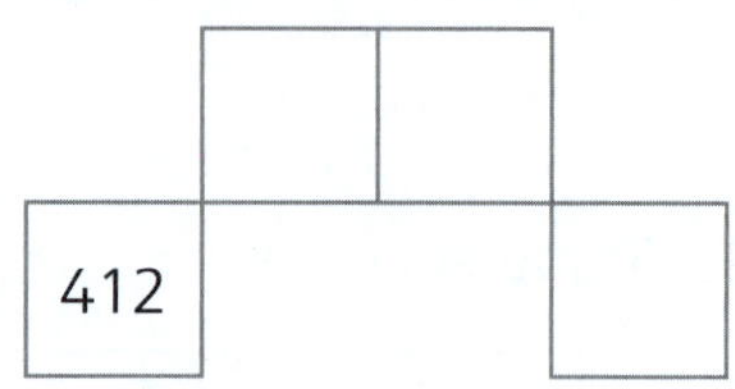

d)

e)
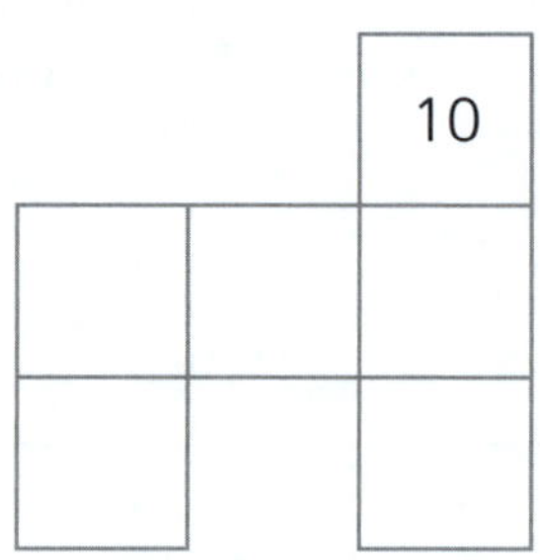

f)
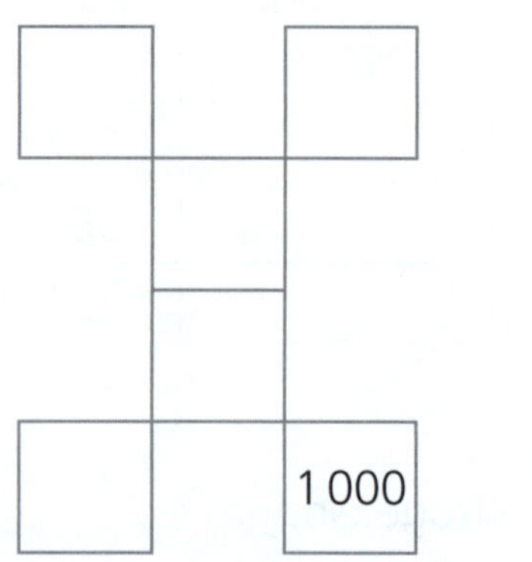

3 Wo kommst du an?

a) Startzahl: 136 ←←←

b) Startzahl: 281 →→→→

c) Startzahl: 577 →→↓↓

d) Startzahl: 333 ↓↓↓↑↑

e) Startzahl: 831 ↑↑↑←

f) Startzahl: 468 ↓←↓↓←

Diese Aufgaben waren für mich ☺ 😐 ☹

1 Zeichne die genannten Formen.

a) Rechteck

b) Kreis

c) Fünfeck

d) Viereck

2 Zeichne zwei senkrechte Geraden.

a)

b)

3 Wo findest du rechte Winkel? Zeichne sie ein.

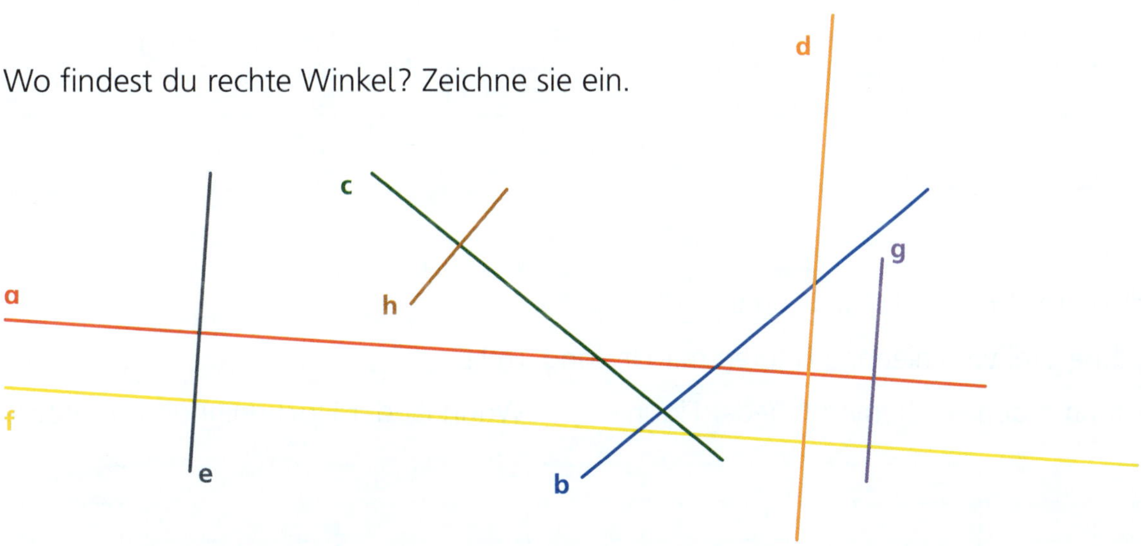

4 Zeichne parallele Geraden mit dem Geodreieck …

a) mit dem Abstand von 2 cm.

b) mit dem Abstand von 1,5 cm.

1 Bestimme den Flächeninhalt und Umfang. Schreibe in Einheitsquadraten und Längeneinheiten.

a)
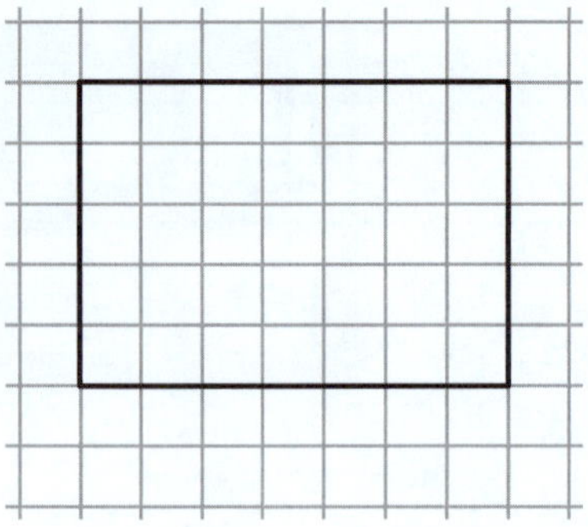
A = ____ U = ____

b)
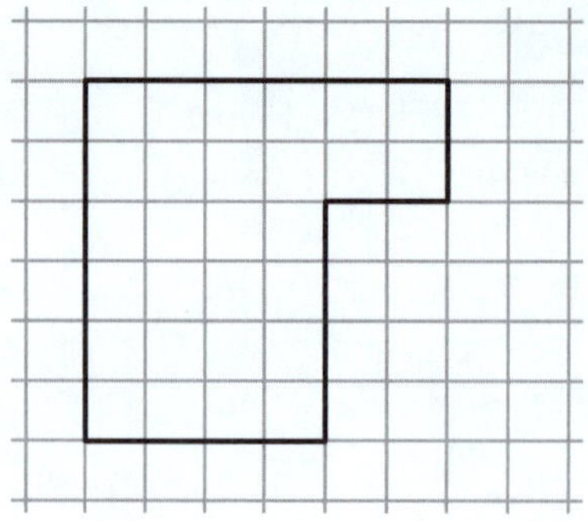
A = ____ U = ____

c)
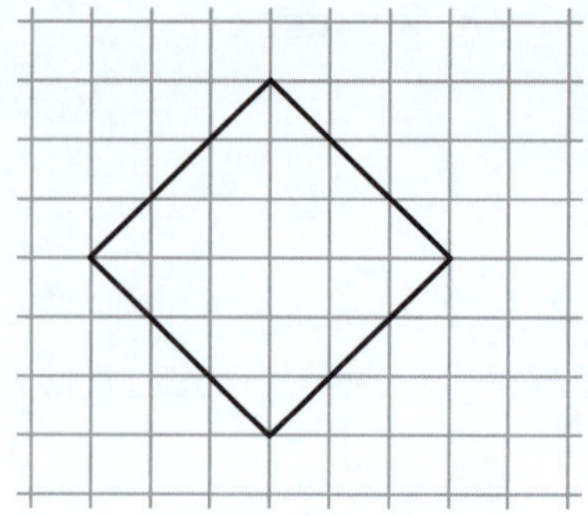
A = ____ U = ____

d)
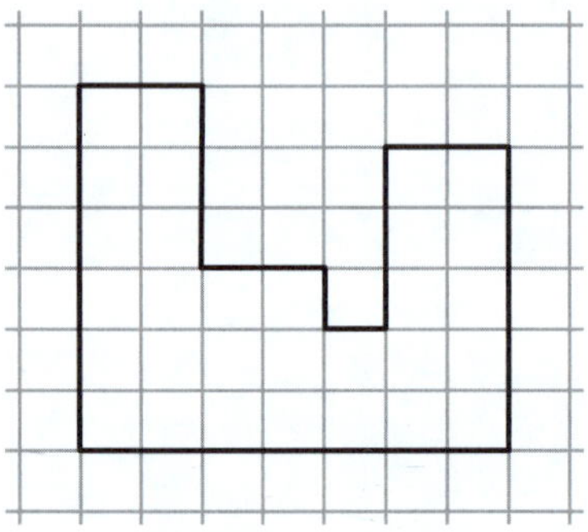
A = ____ U = ____

e)
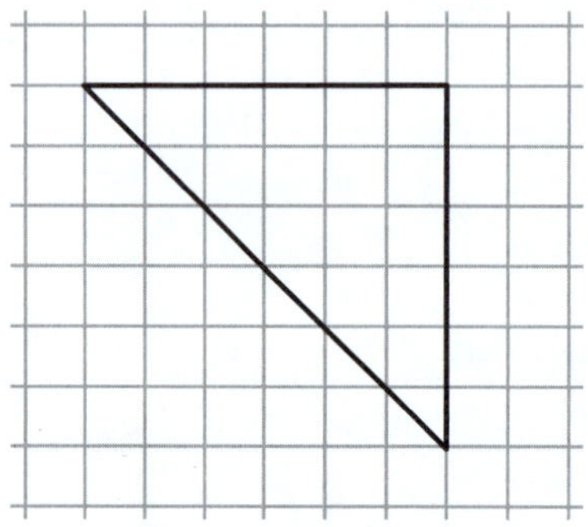
A = ____ U = ____

f)
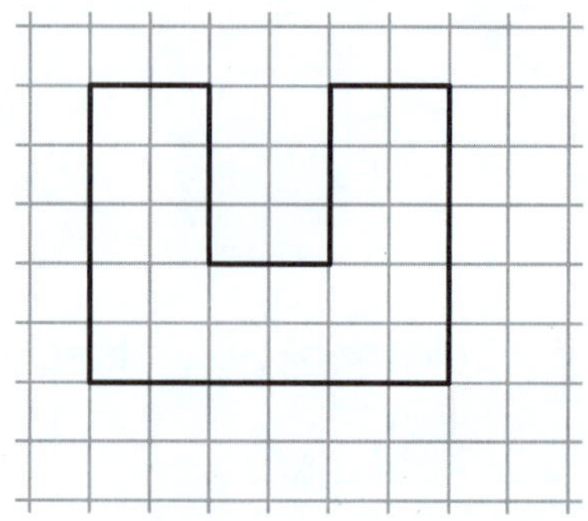
A = ____ U = ____

2 Zeichne zwei verschiedene Figuren mit gleichem Flächeninhalt.

3 Vergleiche Umfang und Flächeninhalt.

a) Zeichne drei verschiedene Figuren mit Umfang 16 LE.

b) Bestimme den Flächeninhalt jeder Figur.

c) Wann ist der Flächeninhalt am größten?

a)

b) A = ____ EQ A = ____ EQ A = ____ EQ

c) Der Flächeninhalt ist am größten, wenn

Diese Aufgaben waren für mich

1 Zeichne alle möglichen Spiegelachsen ein.

a) 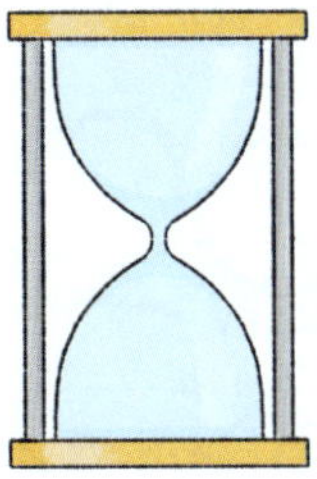

b) 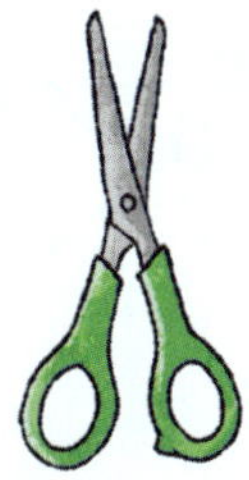

c) 

2 Ergänze die Figur so, dass sie symmetrisch ist.

a) 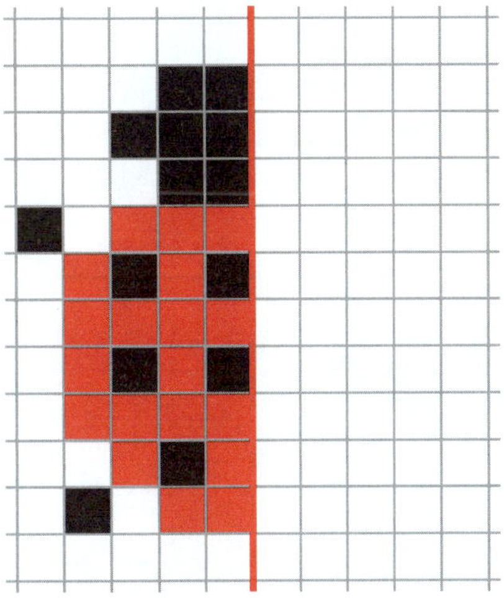

b) 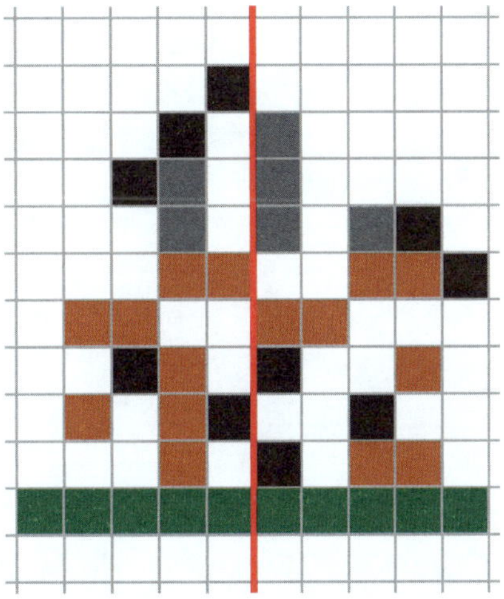

c) 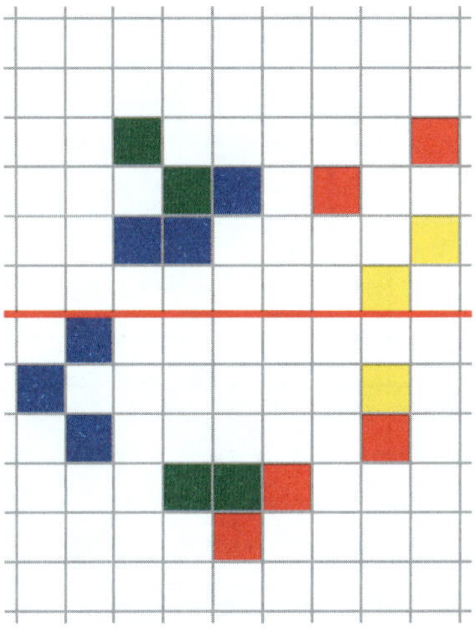

3 Ergänze das Spiegelbild.

a) 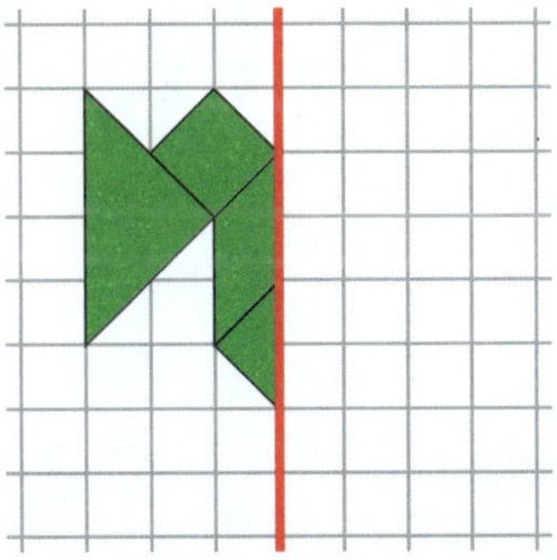

b) 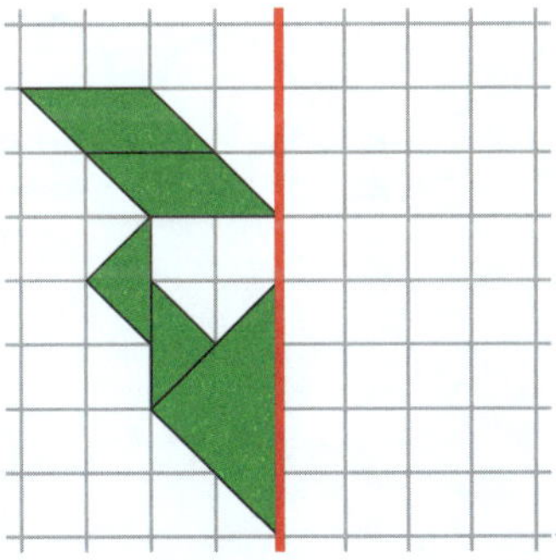

c) 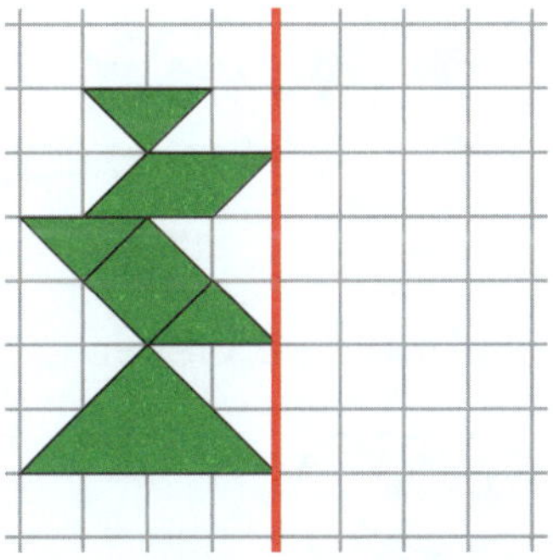

4 Ergänze das Spiegelbild.

a) 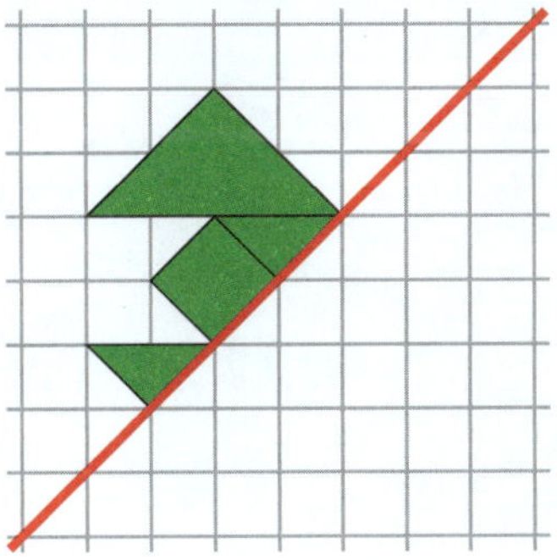

b) 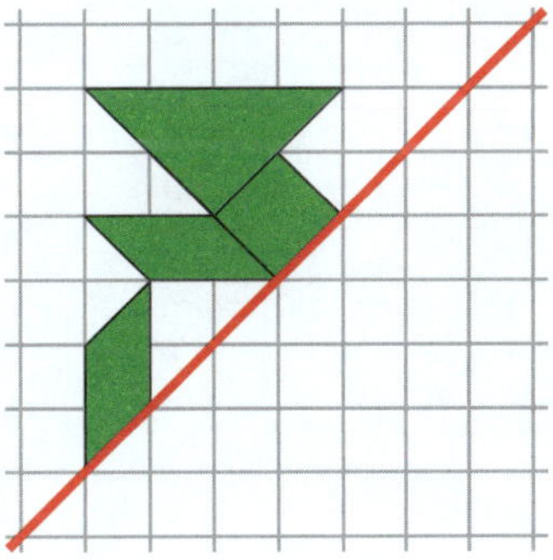

c) 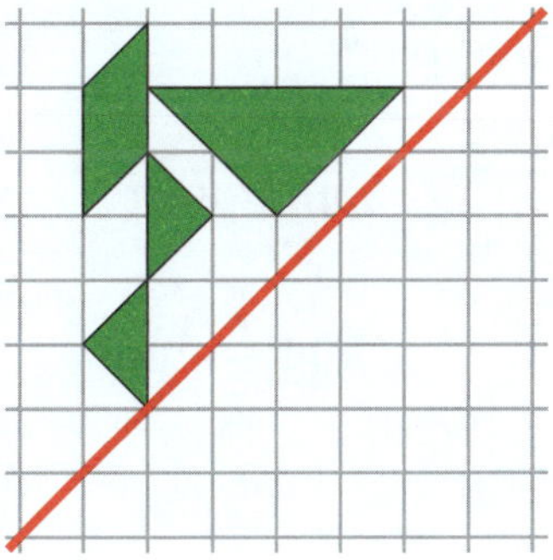

Diese Aufgaben waren für mich 

1 Rechne weiter.

a)

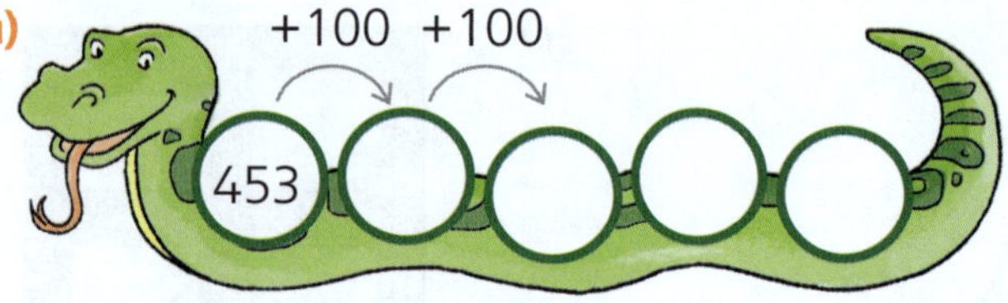

b)

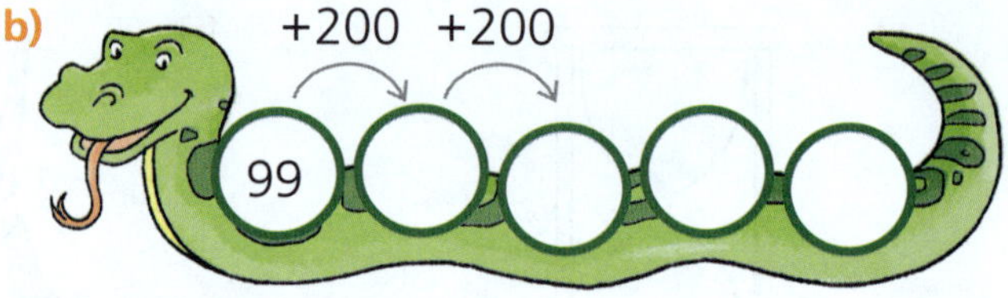

c)

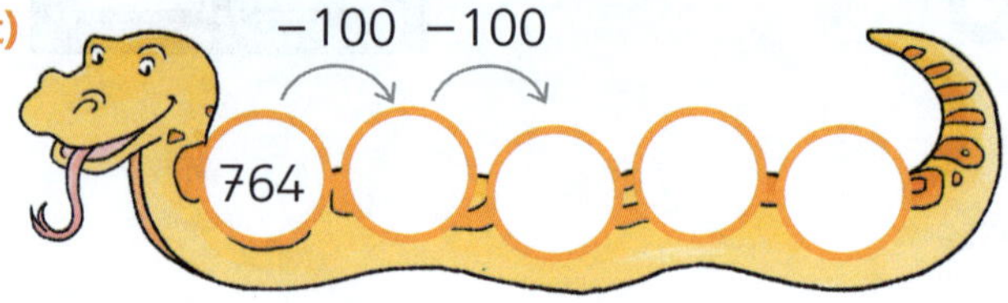

d)

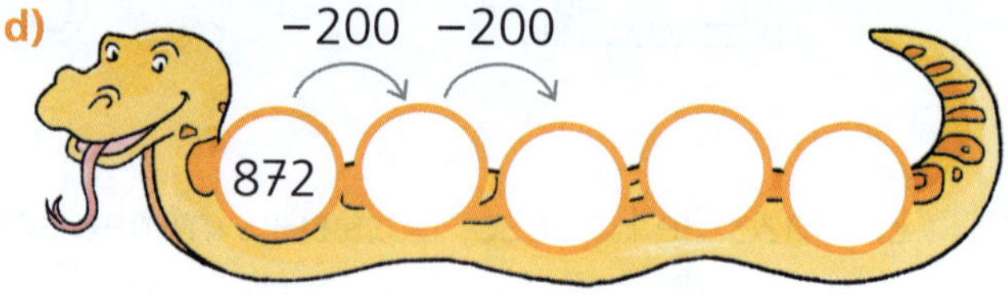

2 Setze fort und rechne.

a)

328	+	10	=	
328	+	20	=	
328	+		=	
	+		=	
	+		=	
	+		=	

b)

461	−	10	=	
461	−	20	=	
461	−		=	
	−		=	
	−		=	
	−		=	

3 Addiere weiter.

4 Subtrahiere weiter.

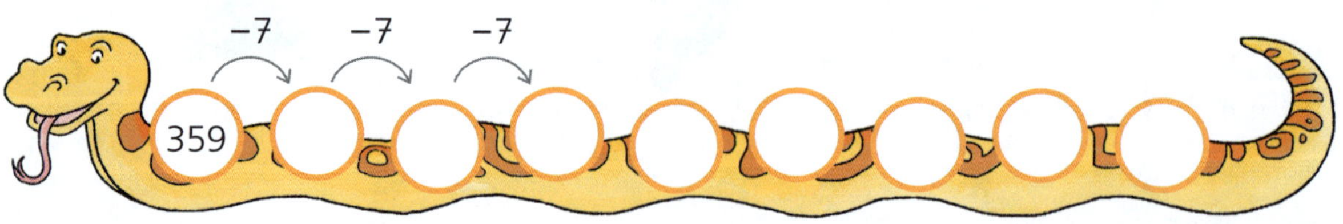

5 Verbinde.

2. Summand

326 + 218 = 544

Subtrahend

Differenz

682 − 304 = 378

1. Summand

Minuend

Summe

Diese Aufgaben waren für mich ☺ 😐 ☹

1 Trage ein und rechne.

a)

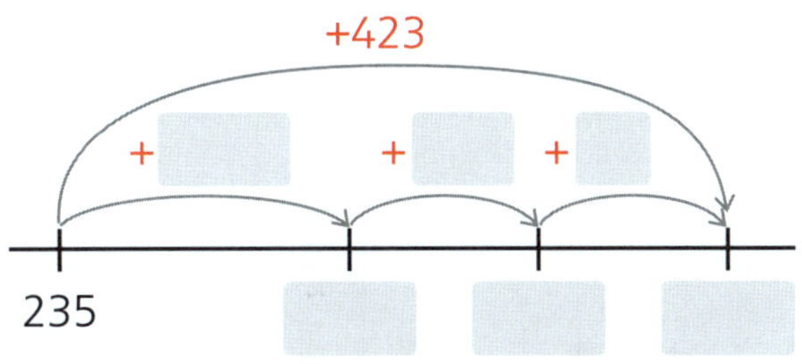

b)

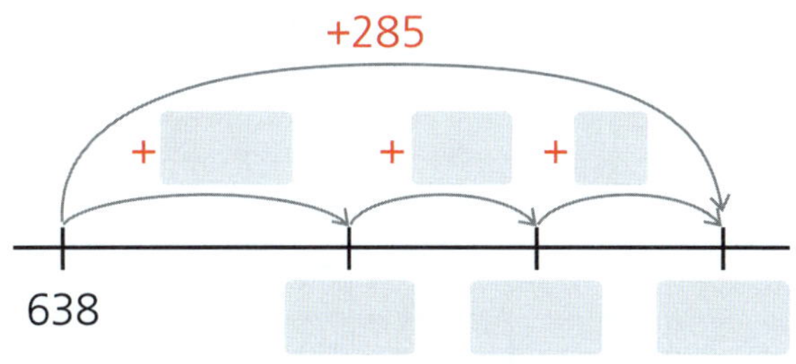

c)

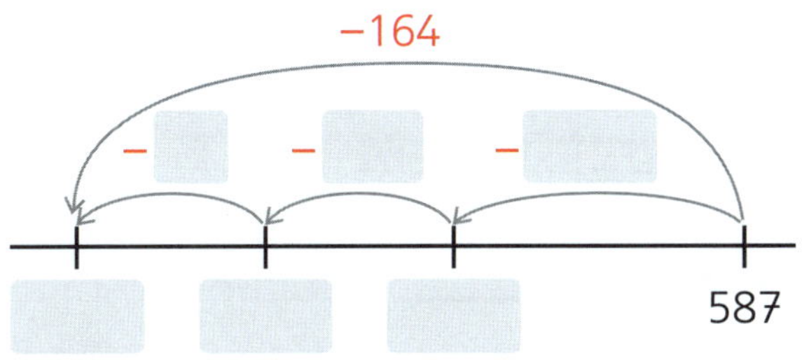

d)

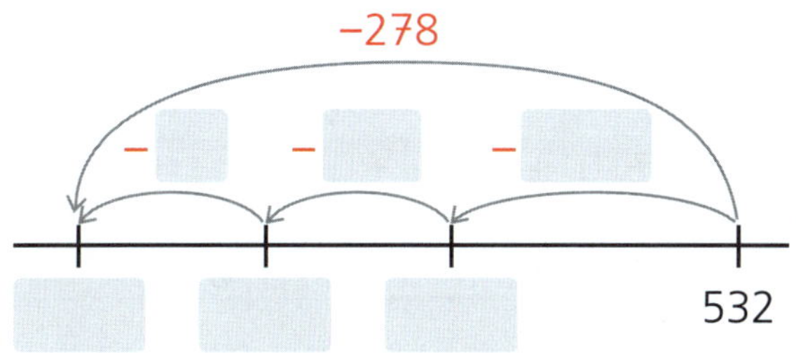

2 Rechne.

a) 543 + 321 =

b) 375 + 267 =

c) 657 – 324 =

d) 435 – 178 =

3 Setze fort und rechne.

a)

352	+	127	=	
342	+	128	=	
332	+		=	
	+		=	
	+		=	
	+		=	

b)

876	–	135	=	
875	–	145	=	
874	–		=	
	–		=	
	–		=	
	–		=	

Diese Aufgaben waren für mich ☺ 😐 ☹

1 Zeichne das Pfeilbild und ergänze.

a) 270 + ___ = 600

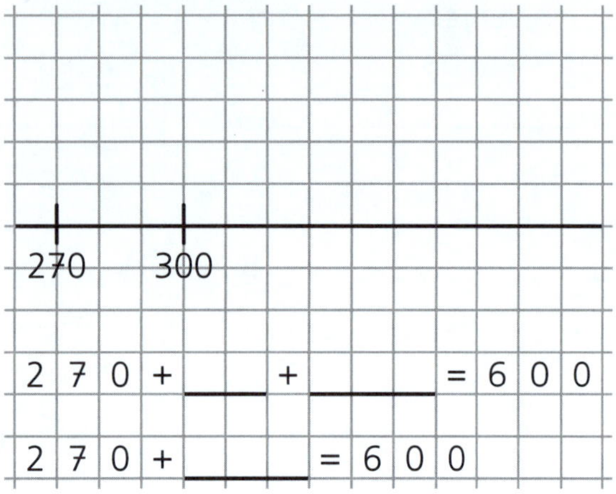

b) 490 + ___ = 910

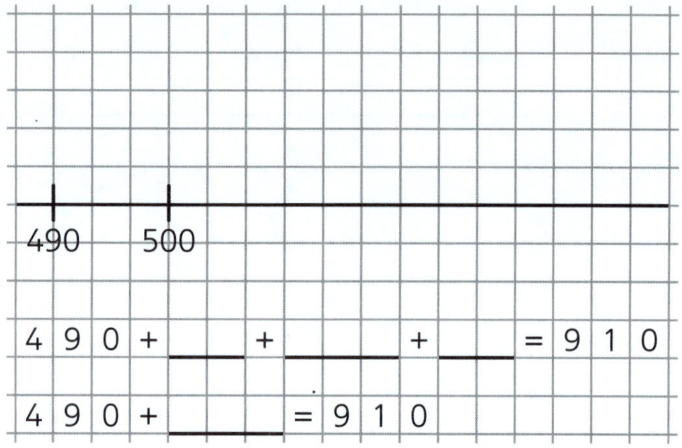

2 Ergänze.

a) 367 + ___ = 1 000
367 + ___ + ___ = ___

b) 511 + ___ = 708
511 + ___ + ___ + ___ = 708

3 Nutze die Umkehraufgabe oder die Umkehraufgabe der Tauschaufgabe.

a) ___ + 70 = 600
600 − ___ = ___

b) ___ + 145 = 800
800 − ___ = ___

c) 435 + ___ = 900
900 − ___ = ___

4 Zeichne das Pfeilbild und rechne.

a) 530 − ___ = 200

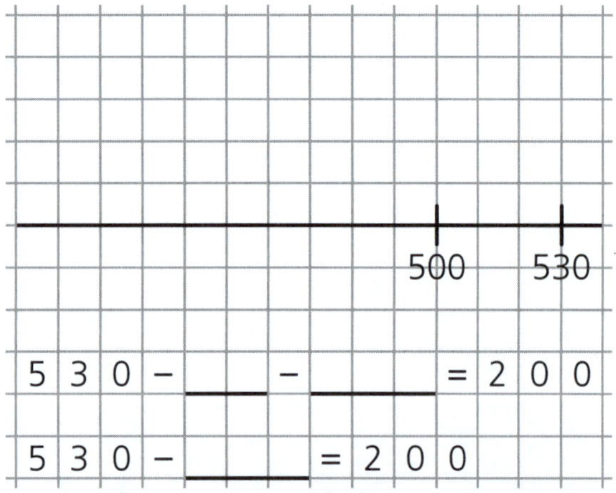

b) 1 000 − ___ = 550

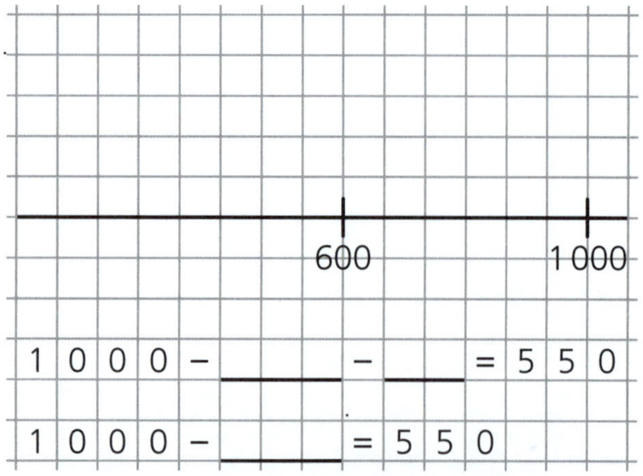

5 Rechne. Manchmal hilft die Umkehraufgabe.

a) 680 − ___ = 300
300 + ___ = 680

b) 970 − ___ = 400
400 + ___ = 970

c) 665 − ___ = 100
100 + ___ = 665

d) ___ − 45 = 400
400 + 45 = ___

e) ___ − 350 = 340
340 + 350 = ___

f) ___ − 390 = 250
250 + 390 = ___

Diese Aufgaben waren für mich ☺ 😐 ☹

1 Wandle um. Schreibe auf drei Arten. Tausche, wenn nötig.

a)

gemischte Schreib-weise	Komma-schreib-weise	Schreib-weise in Cent
3 € 18 ct		
	6,07 €	
		321 ct
8 € 02 ct		
		420 ct

b)

gemischte Schreib-weise	Komma-schreib-weise	Schreib-weise in Cent
	0,08 €	
		1 200 ct
2 € 153 ct		
	13,40 €	
		2 ct

2 Wie viel Rückgeld bekommst du? Rechne.

a) Es kostet 13,20 €. Du zahlst mit .

2 0, 0 0 € – 1 3, 2 0 € =

2 0, 0 0 € – 1 3, 0 0 € =

€ – € =

b) Es kostet 7,60 €. Du zahlst mit .

1 0, 0 0 € – 7, 6 0 € =

3 Rechne.

a) 2,80 € + 4,20 € =

4,60 € + 12,30 € =

b) 13,50 € + 36,70 € =

24,32 € + 16,66 € =

c) 12,34 € + 5,96 € =

500,50 € + 11,89 € =

d) 8,60 € + 2,50 € =

55,70 € + 12,40 € =

4 Berechne den Unterschied.

a)

Mira hat ____ €.

Max hat ____ €.

Unterschied: ____ €.

b) Emma hat 14,80 €. Tim hat 12,30 €.

Unterschied: ____ €.

c) Hanna hat 115,40 €. Max hat 130,50 €.

Unterschied: ____ €.

d) Mira hat 123,50 €. Tim hat ____ €.

Unterschied: 12,30 €.

e) Emma hat ____ €. Mira hat 75,35 €.

Unterschied: 25,15 €.

Diese Aufgaben waren für mich ☺ 😐 ☹

1 Überschlage und rechne dann genau.

a)
Ü: + =
R: 1 6 8 + 3 7 0 =

b)
Ü: + =
R: 4 5 1 + 2 0 8 =

2 Welches Ergebnis könnte stimmen? Überschlage und kreuze an.

a) 428 + 375
+ =
○ 703 ○ 803 ○ 805

b) 513 + 169
+ =
○ 682 ○ 782 ○ 700

3 Max hat 500-mal gewürfelt. Ergänze die Tabelle und runde die Zahlen.
Male für je 10 Würfe ein Kästchen an.

Zahl	gewürfelt	gerundet auf 10er
1	82	
2	81	
3	91	
4	83	
5	69	
6		90

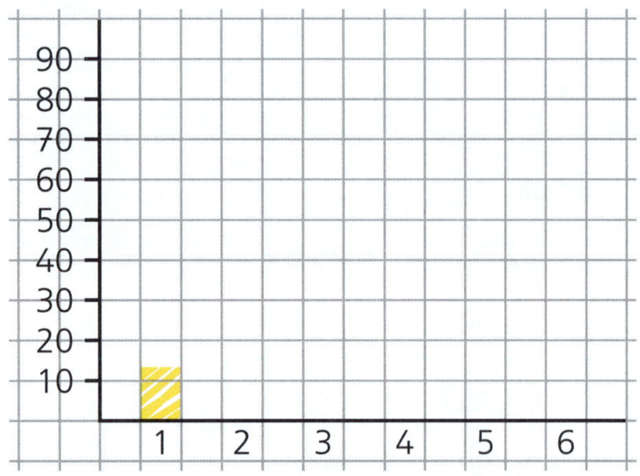

4 Du würfelst mit zwei 4-seitigen Würfeln. Diese können jeweils Zahlen von 1–4 anzeigen.

a) Finde alle Möglichkeiten, die Summen von 1–8 mit den beiden Würfeln zu legen.

1		5
2	1 + 1	6
3		7
4		8

b) Trage die Ergebnissummen aus a) in die Tabelle ein.
Male an: mögliche Zahlen = grün, unmögliche Zahlen = rot.

kommt nie	kommt fast nie	kommt manchmal	kommt oft

Diese Aufgaben waren für mich ☺ 😐 ☹

1 Schreibe die ersten zehn Vielfachen. Markiere Zahlen, die innerhalb der Aufgabe in jeder Reihe vorkommen.

a)

Vielfache von 3										
Vielfache von 6										
Vielfache von 9										

b)

Vielfache von 3										
Vielfache von 4										

c)

Vielfache von 6										
Vielfache von 7										

d)

Vielfache von 5										
Vielfache von 10										

e)

Vielfache von 2										
Vielfache von 5										
Vielfache von 7										

2 Rechne.

Zahl	2		1			7		9		6
das Zehnfache		40			30		100			
das Hundertfache				500					800	

3 Multipliziere mit 10.

a) 10 · 41 = ☐
10 · 16 = ☐
10 · 47 = ☐

b) 31 · 10 = ☐
75 · 10 = ☐
83 · 10 = ☐

c) 10 · 91 = ☐
10 · 76 = ☐
10 · 31 = ☐

d) 72 · 10 = ☐
55 · 10 = ☐
87 · 10 = ☐

4 Multipliziere mit 100.

a) 100 · 5 = ☐
100 · 4 = ☐

b) 3 · 100 = ☐
6 · 100 = ☐

c) 100 · 17 = ☐
100 · 42 = ☐

d) 24 · 100 = ☐
19 · 100 = ☐

Diese Aufgaben waren für mich

1 Multipliziere und vergleiche.

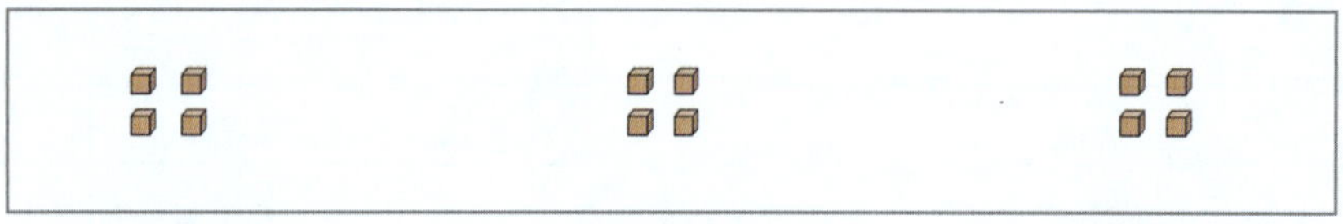

3 · ___ = ___

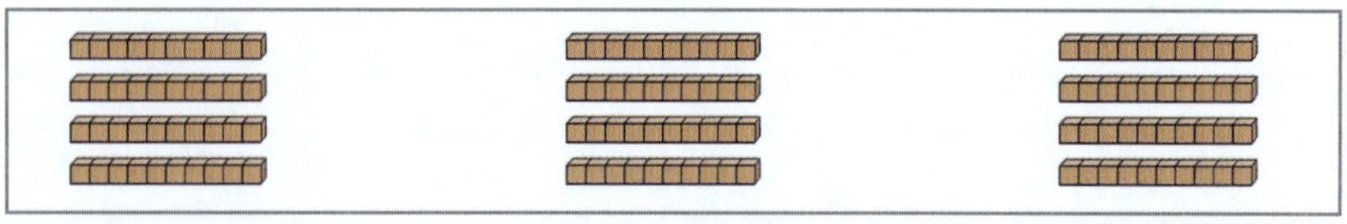

3 · ___ = ___

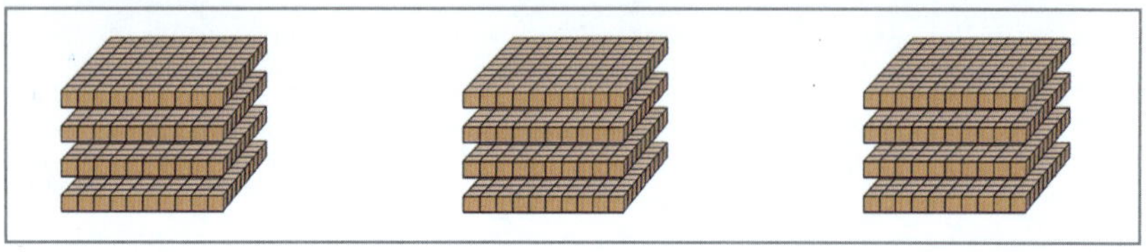

3 · ___ = ___

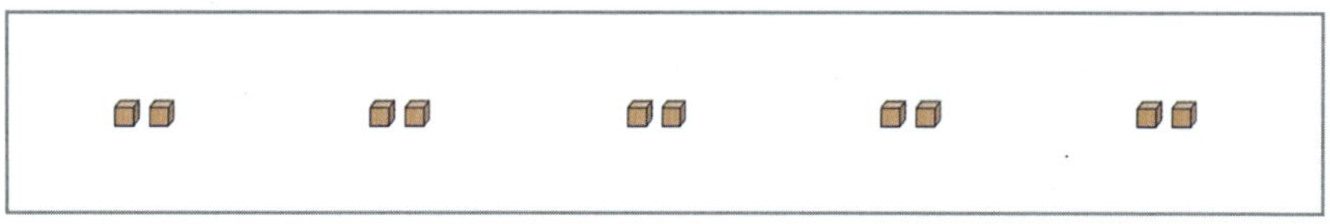

5 · ___ = ___

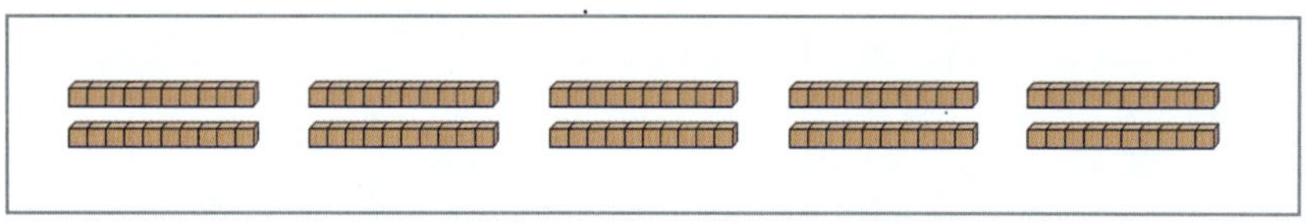

5 · ___ = ___

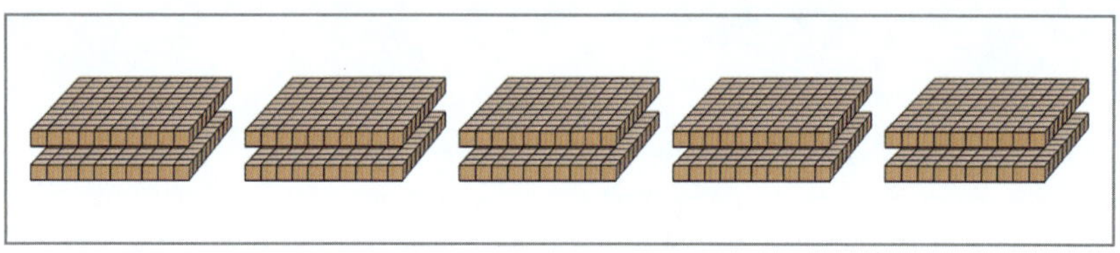

5 · ___ = ___

2 Multipliziere und vergleiche.

a) 4 · 2 = ___
4 · 20 = ___
4 · 200 = ___

b) 2 · 3 = ___
20 · 3 = ___
200 · 3 = ___

c) 2 · 3 = ___
2 · 30 = ___
2 · 300 = ___

d) 7 · 1 = ___
70 · 1 = ___
700 · 1 = ___

3 Ergänze.

a) ___ · 6 = 24
___ · 60 = 240

b) ___ · 3 = 24
___ · ___ = 240

c) ___ · 5 = 35
___ · ___ = ___

4 Vergleiche die Produkte.

a) 40 · 2 = ___
20 · 4 = ___

b) 3 · 50 = ___
30 · 5 = ___

c) 40 · 8 = ___
4 · 80 = ___

d) 600 · 2 = ___
60 · 20 = ___

Diese Aufgaben waren für mich ☺ 😐 ☹

1 Rechne. Nutze die Nähe zum Zehner.

a) 4 · 59 =
4 · 60 =
4 · 1 =

b) 8 · 29 =
8 · 30 =
8 · 1 =

c) 6 · 78 =
6 · 80 =
6 · 2 =

d) 9 · 19 =
9 · =
9 · =

e) 5 · 68 =
5 · =
· =

f) 4 · 498 =
4 · =
4 · =

2 Rechne. Nutze das gegensinnige Verändern.

a) 8 · 25 =
4 · 50 =

b) 6 · 50 =
3 · 100 =

c) 16 · 40 =
· =

d) 6 · 45 =
· =

e) 40 · 15 =
· =

f) 18 · 25 =
· =

g) 12 · 30 =
· =

h) 14 · 50 =
· =

i) 18 · 30 =
· =

j) 60 · 50 =
· =

3 Rechne schrittweise.

a) 15 · 25 =
· =
· =

b) 12 · 23 =
· =
· =

c) 11 · 49 =
· =
· =

d) 30 · 15 =
· =
· =

e) 13 · 61 =
· =
· =

f) 31 · 34 =
· =
· =

Diese Aufgaben waren für mich ☺ 😐 ☹

1 Schreibe zu jeder Zahl alle Teiler auf.

a) Teiler von 5 :

b) Teiler von 10:

c) Teiler von 28:

d) Teiler von 35:

e) Teiler von 42:

f) Teiler von 36:

2 Schreibe für jede Zahl die Teiler auf. Kreise jeweils alle gemeinsamen Teiler ein.

a) Teiler von 8 und 12

Teiler von 8 :

Teiler von 12:

b) Teiler von 9 und 21

Teiler von 9 :

Teiler von 21:

c) Teiler von 15 und 24

Teiler von 15:

Teiler von 24:

d) Teiler von 12 und 48

Teiler von 12:

Teiler von 48:

3 Welche Zahlen sind durch die angegebenen Zahlen ohne Rest teilbar?
Kreise sie ein.

a) durch 2 ohne Rest teilbar

6 23 34 11 17 15 32 29 10 26 40

b) durch 5 ohne Rest teilbar

16 35 70 85 41 67 45 53 20 55 48

c) durch 10 ohne Rest teilbar

20 59 30 35 80 19 110 90 64 47 60

d) durch 100 ohne Rest teilbar

672 900 750 800 138 200 300 1 000 400 529 668

4 Dividiere.

a) 29 : 5 =
38 : 4 =

b) 51 : 6 =
28 : 3 =

c) 34 : 7 =
8 : 9 =

5 Berechne den Quotienten.

a) 130 : 10 =
190 : 10 =

b) 760 : 10 =
980 : 10 =

c) 500 : 100 =
800 : 100 =

Diese Aufgaben waren für mich ☺ 😐 ☹

Bündeln im Zahlenraum bis 1000
zu Schülerbuchseiten 8–11

1 Trage in eine Stellenwerttabelle ein. 3

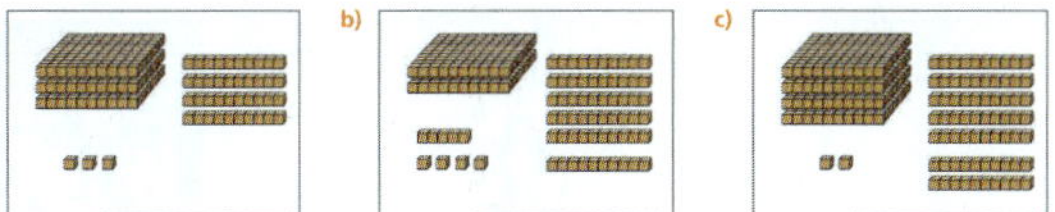

a)

T	H	Z	E
	3	4	3

343

b)

T	H	Z	E
	2	6	9

269

c)

T	H	Z	E
	4	7	2

472

2 Zeichne und schreibe mit Ziffern. 3

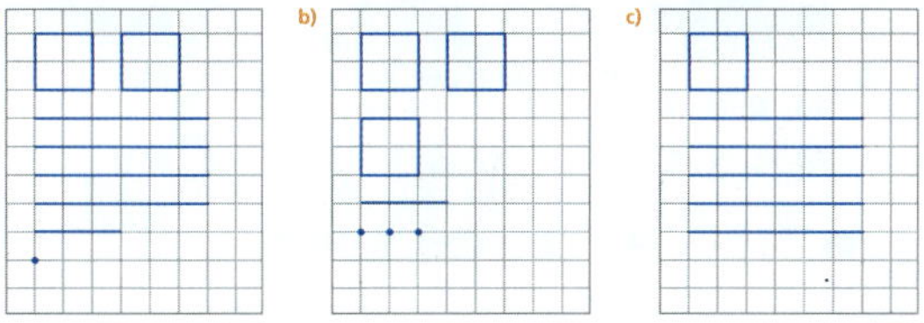

a)

T	H	Z	E
	2	4	6

246

b)

T	H	Z	E
	3	0	8

308

c)

T	H	Z	E
	1	5	0

150

3 Schreibe das Zahlwort mit Ziffern. 4

a) einhundertzwei 102
sechshundertvier 604
sechshundertzwanzig 620
vierhundertzehn 410

b) siebenhundertdreizehn 713
fünfhundertfünfundfünfzig 555
einhundertachtundvierzig 148
tausendfünf 1005

4 Schreibe auf zwei Arten. 2

a) 700 5 10 — 700 + 10 + 5 — 7 H 1 Z 5 E

b) 300 80 9 — 300 + 80 + 9 — 3 H 8 Z 9 E

Du hast ___ von 12 Punkten erreicht.

Zahlenstrahl | Nachbarzehner | Nachbarhunderter
zu Schülerbuchseiten 14–15

1 Trage ein. 4

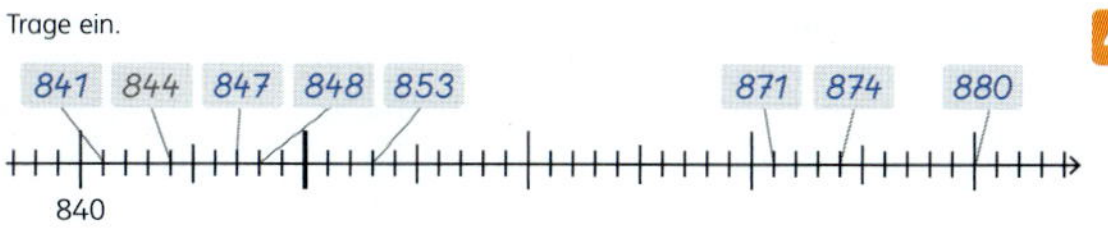

2 Verbinde. 3

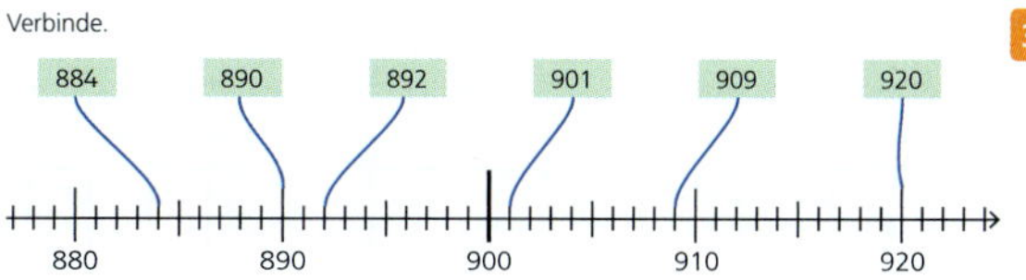

3 Trage ein. 6

Vorgänger	Zahl	Nachfolger
45	46	47
350	351	352
298	299	300

Vorgänger	Zahl	Nachfolger
665	666	667
779	780	781
999	1000	1001

4 Trage ein. 6

Nachbarzehner	Zahl	Nachbarzehner
120	127	130
360	369	370
250	254	260

Nachbarzehner	Zahl	Nachbarzehner
240	247	250
990	999	1000
780	789	790

5 Trage ein. 6

Nachbarhunderter	Zahl	Nachbarhunderter
0	55	100
300	364	400
500	516	600

Nachbarhunderter	Zahl	Nachbarhunderter
400	467	500
700	729	800
900	985	1000

Du hast ___ von 25 Punkten erreicht.

Tausendertafel
zu Schülerbuchseiten 16–17

1 Welche Zahlen verstecken sich unter den Bildern? 6

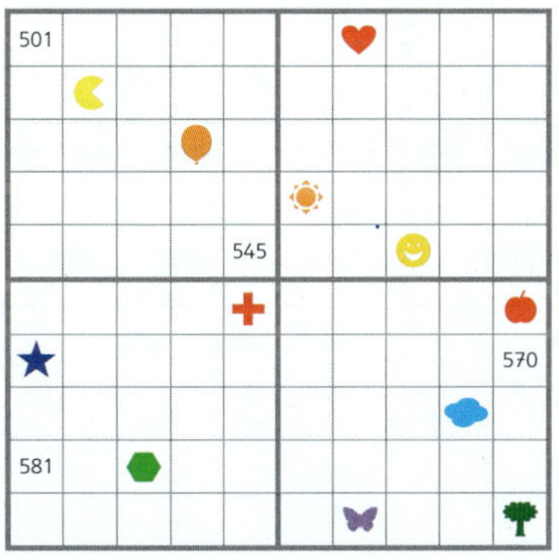

561 536
548 507
583 597
560 555
512 524
600 579

2 Trage ein. 12

a) 122 123 124 125 / 132 135

b) 377 / 386 387 388 389

c) 403 404 / 412 415

d) 656 657 / 666 / 676 677 / 687

e) 10 / 18 19 20 / 28 30

f) 968 970 / 979 / 989 / 998 1000

3 Wo kommst du an? 3

a) Startzahl: 136 ← ← ← 133

b) Startzahl: 281 → → → → 285

c) Startzahl: 577 → → ↓ ↓ 599

d) Startzahl: 333 ↓ ↓ ↓ ↑ ↑ 343

e) Startzahl: 831 ↑ ↑ ↑ ← 800

f) Startzahl: 468 ↓ ← ↓ ↓ ← 496

Du hast ___ von 21 Punkten erreicht.

Zeichnen mit dem Geodreieck
zu Schülerbuchseiten 20–23

1 Zeichne die genannten Formen. 4

a) Rechteck b) Kreis
c) Fünfeck d) Viereck

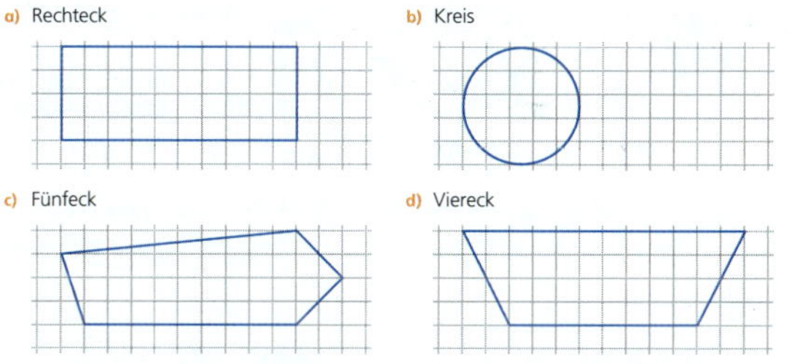

2 Zeichne zwei senkrechte Geraden. 2

a) b)

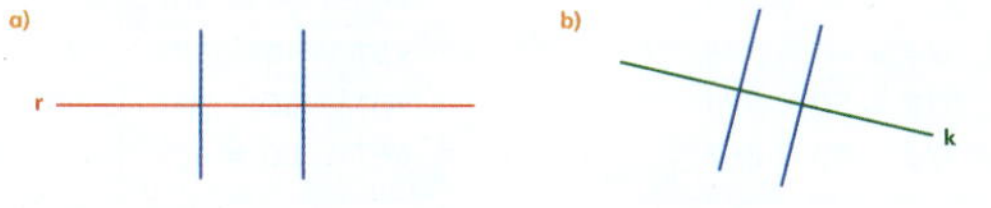

3 Wo findest du rechte Winkel? Zeichne sie ein. 6

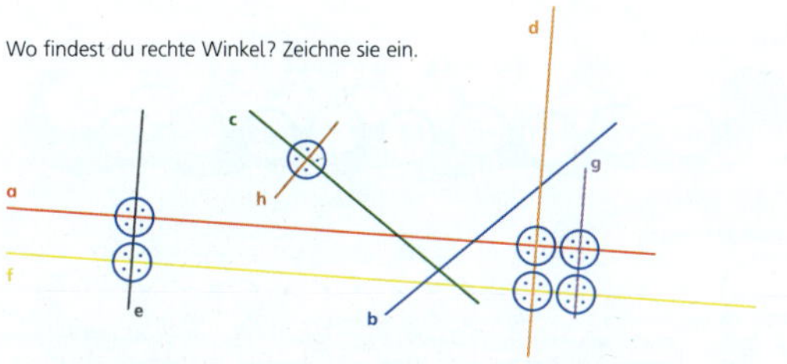

4 Zeichne parallele Geraden mit dem Geodreieck … 4

a) mit dem Abstand von 2 cm. b) mit dem Abstand von 1,5 cm.

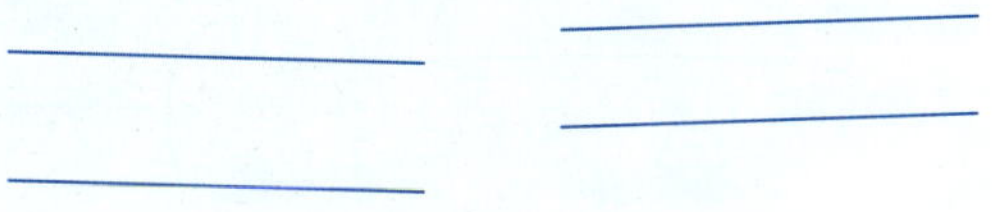

Du hast ___ von 16 Punkten erreicht.

Flächeninhalt | Umfang

zu Schülerbuchseiten 24–25

1 Bestimme den Flächeninhalt und Umfang. Schreibe in Einheitsquadraten und Längeneinheiten. **12**

a) 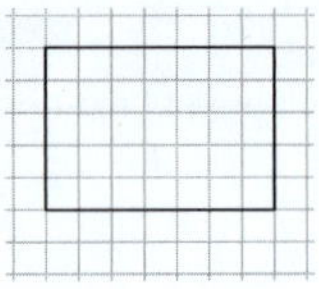
A = 35 EQ U = 24 LE

b) 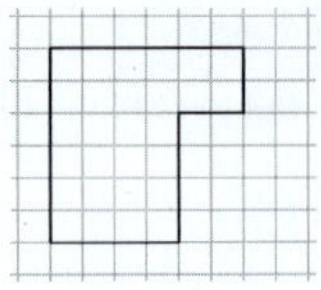
A = 28 EQ U = 24 LE

c) 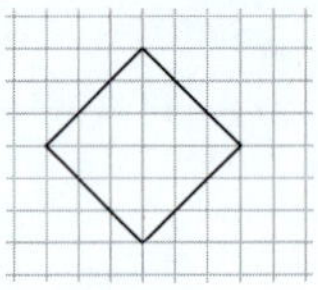
A = 18 EQ U = 12 LE

d) 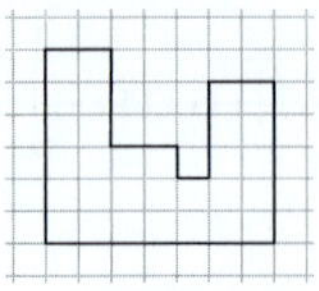
A = 30 EQ U = 32 LE

e) 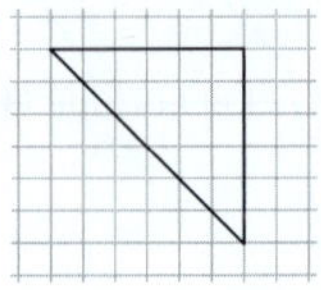
A = 18 EQ U = 18 LE

f) 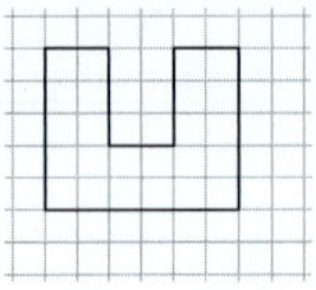
A = 24 EQ U = 28 LE

***2** Zeichne zwei verschiedene Figuren mit gleichem Flächeninhalt. **4**

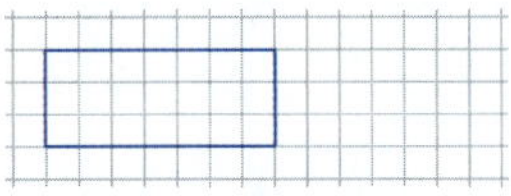

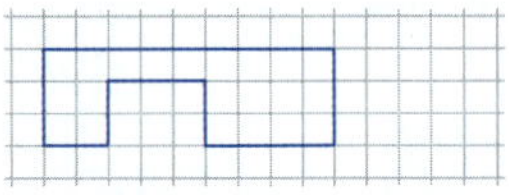

***3** Vergleiche Umfang und Flächeninhalt. **8**

a) Zeichne drei verschiedene Figuren mit Umfang 16 LE.

b) Bestimme den Flächeninhalt jeder Figur. c) Wann ist der Flächeninhalt am größten?

a) 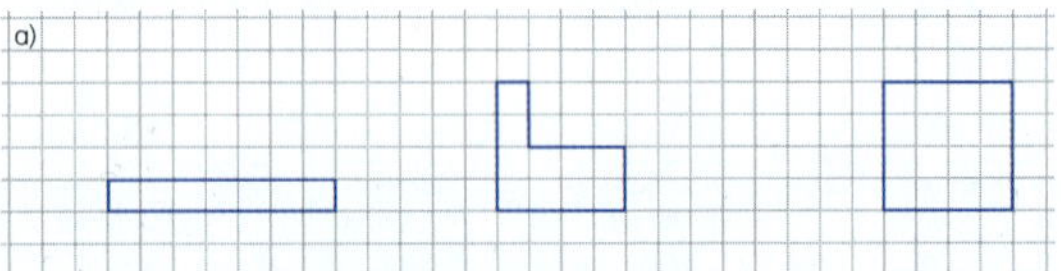

b) A = 7 EQ A = 10 EQ A = 16 EQ

c) Der Flächeninhalt ist am größten, wenn die Fläche quadratisch ist.

* Beispiellösung

Du hast von 24 Punkten erreicht.

Symmetrie

zu Schülerbuchseiten 27–28

1 Zeichne alle möglichen Spiegelachsen ein. **4**

a) 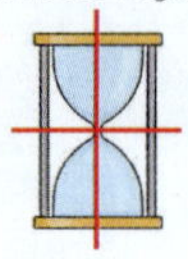

b) 

c) 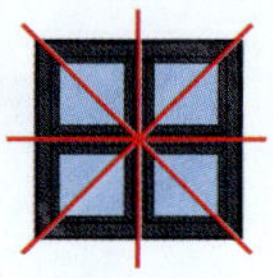

2 Ergänze die Figur so, dass sie symmetrisch ist. **6**

a) 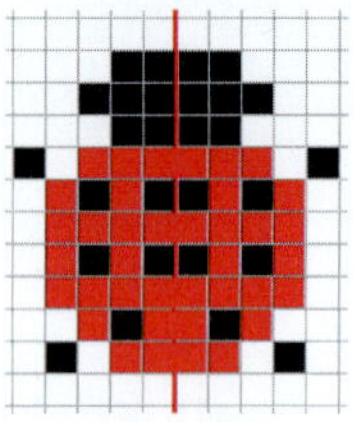

b) 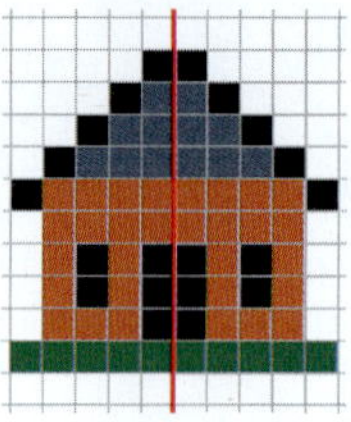

c) 

3 Ergänze das Spiegelbild. **6**

a) 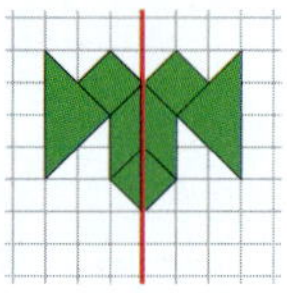

b) 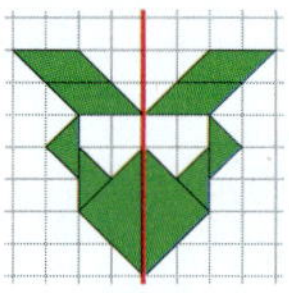

c) 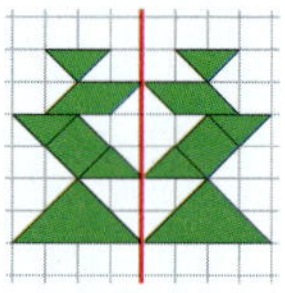

4 Ergänze das Spiegelbild. **9**

a) 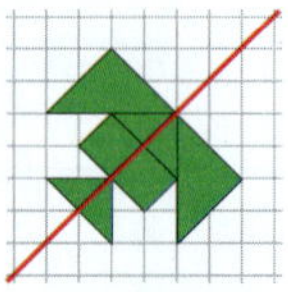

b) 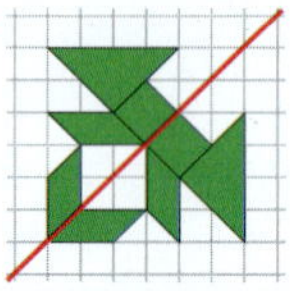

c) 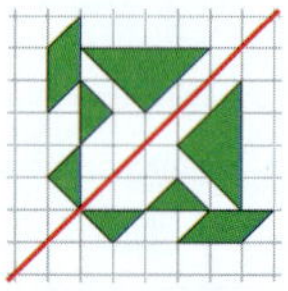

Du hast von 25 Punkten erreicht.

Addition/Subtraktion (HZE +/– H/Z/E)

zu Schülerbuchseiten 29–33

1 Rechne weiter. **8**

a) +100 +100 +100 +100: 453, 553, 653, 753, 853

b) +200 +200 +200 +200: 99, 299, 499, 699, 899

c) −100 −100 −100 −100: 764, 664, 564, 464, 353

d) −200 −200 −200 −200: 872, 672, 472, 272, 72

2 Setze fort und rechne. **12**

a)

328	+	10	=	338
328	+	20	=	348
328	+	30	=	358
328	+	40	=	368
328	+	50	=	378
328	+	60	=	388

b)

461	−	10	=	451
461	−	20	=	441
461	−	30	=	431
461	−	40	=	421
461	−	50	=	411
461	−	60	=	401

3 Addiere weiter. **8**

+4 +4 +4 +4 +4 +4 +4 +4: 475, 479, 483, 487, 491, 495, 499, 503, 507

4 Subtrahiere weiter. **8**

−7 −7 −7 −7 −7 −7 −7 −7: 359, 352, 345, 338, 331, 324, 317, 310, 303

5 Verbinde. **3**

326 + 218 = 544

682 − 304 = 378

2. Summand, Differenz, Minuend, Summe, Subtrahend, 1. Summand

Du hast von 39 Punkten erreicht.

Addition/Subtraktion (HZE +/– HZE)

zu Schülerbuchseiten 34–38

1 Trage ein und rechne. **12**

a) +423: 235 + 400 → 635 + 20 → 655 + 3 → 658

b) +285: 638 + 200 → 838 + 80 → 918 + 5 → 923

c) −164: 587 − 100 → 487 − 60 → 427 − 4 → 423

d) −278: 532 − 200 → 332 − 70 → 262 − 8 → 254

2 Rechne. **12**

a)
543 + 321 = 864
543 + 300 = 843
843 + 20 = 863
863 + 1 = 864

b)
375 + 267 = 642
375 + 200 = 575
575 + 60 = 635
635 + 7 = 642

c)
657 − 324 = 333
657 − 300 = 357
357 − 20 = 337
337 − 4 = 333

d)
435 − 178 = 257
435 − 100 = 335
335 − 70 = 265
265 − 8 = 257

3 Setze fort und rechne. **12**

a)

352	+	127	=	479
342	+	128	=	470
332	+	129	=	461
322	+	130	=	452
312	+	131	=	443
302	+	132	=	434

b)

876	−	135	=	741
875	−	145	=	730
874	−	155	=	719
873	−	165	=	708
872	−	175	=	697
871	−	185	=	686

Du hast von 36 Punkten erreicht.

Ergänzungsaufgaben und Umkehraufgaben

zu Schülerbuchseiten 43–44

1 Zeichne das Pfeilbild und ergänze. 9

a) 270 + 330 = 600

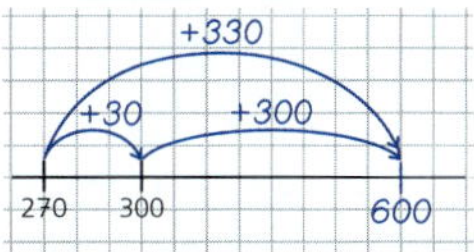

2 7 0 + 3 0 + 3 0 0 = 6 0 0

2 7 0 + 3 3 0 = 6 0 0

b) 490 + 420 = 910

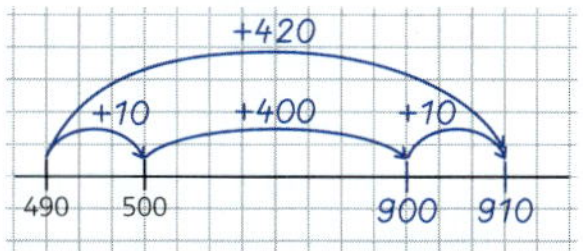

4 9 0 + 1 0 + 4 0 0 + 1 0 = 9 1 0

4 9 0 + 4 2 0 = 9 1 0

2 Ergänze. 16

a) 367 + 633 = 1000
367 + 33 + 600 = 1000

b) 511 + 197 = 708
511 + 89 + 100 + 8 = 708

3 Nutze die Umkehraufgabe oder die Umkehraufgabe der Tauschaufgabe. 9

a) 530 + 70 = 600
600 − 70 = 530

b) 655 + 145 = 800
800 − 145 = 655

c) 435 + 465 = 900
900 − 435 = 465

4 Zeichne das Pfeilbild und rechne. 8

a) 530 − 330 = 200

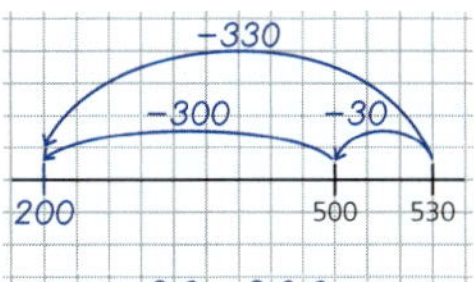

5 3 0 − 3 0 − 3 0 0 = 2 0 0

5 3 0 − 3 3 0 = 2 0 0

b) 1000 − 450 = 550

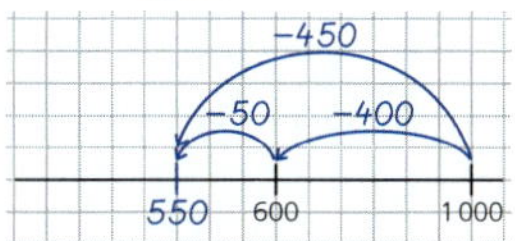

1 0 0 0 − 4 0 0 − 5 0 = 5 5 0

1 0 0 0 − 4 5 0 = 5 5 0

5 Rechne. Manchmal hilft die Umkehraufgabe. 12

a) 680 − 380 = 300
300 + 380 = 680

b) 970 − 570 = 400
400 + 570 = 970

c) 665 − 565 = 100
100 + 565 = 665

d) 445 − 45 = 400
400 + 45 = 445

e) 690 − 350 = 340
340 + 350 = 690

f) 640 − 390 = 250
250 + 390 = 640

Du hast ___ von 54 Punkten erreicht.

Geld – Kommaschreibweise

zu Schülerbuchseiten 46–48

1 Wandle um. Schreibe auf drei Arten. Tausche, wenn nötig. 10

a)

gemischte Schreibweise	Kommaschreibweise	Schreibweise in Cent
3 € 18 ct	3,18 €	318 ct
6 € 07 ct	6,07 €	607 ct
3 € 21 ct	3,21 €	321 ct
8 € 02 ct	8,02 €	802 ct
4 € 20 ct	4,20 €	420 ct

b)

gemischte Schreibweise	Kommaschreibweise	Schreibweise in Cent
0 € 08 ct	0,08 €	8 ct
12 € 0 ct	12,00 €	1200 ct
2 € 153 ct	21,53 €	2153 ct
13 € 40 ct	13,40 €	1340 ct
0 € 02 ct	0,02 €	2 ct

2 Wie viel Rückgeld bekommst du? Rechne. 6

a) Es kostet 13,20 €. Du zahlst mit [20-€-Schein].

2 0, 0 0 € − 1 3, 2 0 € = 6, 8 0 €

2 0, 0 0 € − 1 3, 0 0 € = 7, 0 0 €

7, 0 0 € − 0, 2 0 € = 6, 8 0 €

b) Es kostet 7,60 €. Du zahlst mit [10-€-Schein].

1 0, 0 0 € − 7, 6 0 € = 2, 4 0 €

1 0, 0 0 € − 7, 0 0 € = 3, 0 0 €

3, 0 0 € − 0, 6 0 € = 2, 4 0 €

3 Rechne. 8

a) 2,80 € + 4,20 € = 7,00 €
4,60 € + 12,30 € = 16,90 €

b) 13,50 € + 36,70 € = 50,20 €
24,32 € + 16,66 € = 40,98 €

c) 12,34 € + 5,96 € = 18,30 €
500,50 € + 11,89 € = 512,39 €

d) 8,60 € + 2,50 € = 11,10 €
55,70 € + 12,40 € = 68,10 €

4 Berechne den Unterschied. 5

a)

Mira hat 19,10 €.

Max hat 20,20 €.
Unterschied: 1,10 €.

b) Emma hat 14,80 €. Tim hat 12,30 €.
Unterschied: 2,50 €.

c) Hanna hat 115,40 €. Max hat 130,50 €.
Unterschied: 15,10 €.

d) Mira hat 123,50 €. Tim hat 111,20 €.
Unterschied: 12,30 €.

e) Emma hat 50,20 €. Mira hat 75,35 €.
Unterschied: 25,15 €.

Du hast ___ von 29 Punkten erreicht.

Überschlag | Wahrscheinlichkeit | Kombinatorik

zu Schülerbuchseiten 49–53

1 Überschlage und rechne dann genau. 8

a)
Ü: 2 0 0 + 4 0 0 = 6 0 0
R: 1 6 8 + 3 7 0 = 5 4 5
1 6 8 + 3 0 0 = 4 6 8
4 6 8 + 7 0 = 5 3 8
5 3 8 + 7 = 5 4 5

b)
Ü: 5 0 0 + 2 0 0 = 7 0 0
R: 4 5 1 + 2 0 8 = 6 6 9
4 5 1 + 2 0 0 = 6 5 1
6 5 1 + 1 0 = 6 6 1
6 6 1 + 8 = 6 6 9

2 Welches Ergebnis könnte stimmen? Überschlage und kreuze an. 6

a) 428 + 375
400 + 400 = 800
○ 703 ☒ 803 ○ 805

b) 513 + 169
500 + 200 = 700
☒ 682 ○ 782 ○ 700

3 Max hat 500-mal gewürfelt. Ergänze die Tabelle und runde die Zahlen. Male für je 10 Würfe ein Kästchen an. 12

Zahl	gewürfelt	gerundet auf 10er
1	82	80
2	81	80
3	91	90
4	83	80
5	69	70
6	94	90

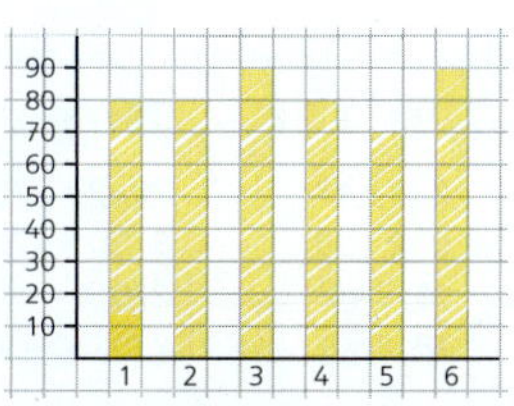

4 Du würfelst mit zwei 4-seitigen Würfeln. Diese können jeweils Zahlen von 1–4 anzeigen. 12

a) Finde alle Möglichkeiten, die Summen von 1–8 mit den beiden Würfeln zu legen.

1	–	5	4 + 1, 1 + 4, 2 + 3, 3 + 2
2	1 + 1	6	2 + 4, 4 + 2, 3 + 3
3	2 + 1, 1 + 2	7	4 + 3, 3 + 4
4	2 + 2, 1 + 3, 3 + 1	8	4 + 4

b) Trage die Ergebnissummen aus a) in die Tabelle ein.
Male an: mögliche Zahlen = grün, unmögliche Zahlen = rot.

kommt nie	kommt fast nie	kommt manchmal	kommt oft
1	2, 8	3, 7	4, 5, 6

Du hast ___ von 38 Punkten erreicht.

Vielfache | Multiplikation mit 10 und 100

zu Schülerbuchseiten 55–56

1 Schreibe die ersten zehn Vielfachen. Markiere Zahlen, die innerhalb der Aufgabe in jeder Reihe vorkommen. 17

a)

Vielfache von 3	3	6	9	12	15	18	21	24	27	30
Vielfache von 6	6	12	18	24	30	36	42	48	54	60
Vielfache von 9	9	18	27	36	45	54	63	72	81	90

b)

Vielfache von 3	3	6	9	12	15	18	21	24	27	30
Vielfache von 4	4	8	12	16	20	24	28	32	36	40

c)

Vielfache von 6	6	12	18	24	30	36	42	48	54	60
Vielfache von 7	7	14	21	28	35	42	49	56	63	70

d)

Vielfache von 5	5	10	15	20	25	30	35	40	45	50
Vielfache von 10	10	20	30	40	50	60	70	80	90	100

e)

Vielfache von 2	2	4	6	8	10	12	14	16	18	20
Vielfache von 5	5	10	15	20	25	30	35	40	45	50
Vielfache von 7	7	14	21	28	35	42	49	56	63	70

2 Rechne. 10

Zahl	2	9	1	5	3	7	10	9	8	6
das Zehnfache	20	40	10	50	30	70	100	90	80	60
das Hundertfache	200	400	100	500	300	700	100	900	800	600

3 Multipliziere mit 10. 12

a) 10 · 41 = 410
10 · 16 = 160
10 · 47 = 470

b) 31 · 10 = 310
75 · 10 = 750
83 · 10 = 830

c) 10 · 91 = 910
10 · 76 = 760
10 · 31 = 310

d) 72 · 10 = 720
55 · 10 = 550
87 · 10 = 870

4 Multipliziere mit 100. 8

a) 100 · 5 = 500
100 · 4 = 400

b) 3 · 100 = 300
6 · 100 = 600

c) 100 · 17 = 1700
100 · 42 = 4200

d) 24 · 100 = 2400
19 · 100 = 1900

Du hast ___ von 47 Punkten erreicht.

Analogien bei der Multiplikation

zu Schülerbuchseite 57

1 Multipliziere und vergleiche. **6**

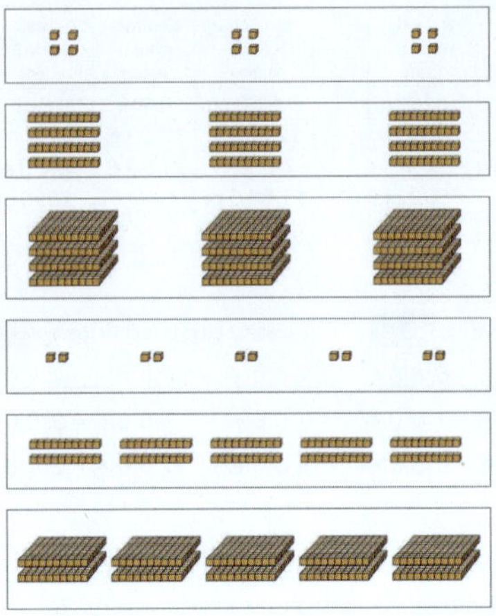

3 · 4 = 12

3 · 40 = 120

3 · 400 = 1200

5 · 2 = 10

5 · 20 = 100

5 · 200 = 1000

2 Multipliziere und vergleiche. **6**

a) 4 · 2 = 8; 4 · 20 = 80; 4 · 200 = 800

b) 2 · 3 = 6; 20 · 3 = 60; 200 · 3 = 600

c) 2 · 3 = 6; 2 · 30 = 60; 2 · 300 = 600

d) 7 · 1 = 7; 70 · 1 = 70; 700 · 1 = 700

3 Ergänze. **6**

a) 4 · 6 = 24; 4 · 60 = 240

b) 8 · 3 = 24; 8 · 30 = 240

c) 7 · 5 = 35; 7 · 50 = 350

4 Vergleiche die Produkte. **8**

a) 40 · 2 = 80; 20 · 4 = 80

b) 3 · 50 = 150; 30 · 5 = 150

c) 40 · 8 = 320; 4 · 80 = 320

d) 600 · 2 = 1200; 60 · 20 = 1200

Du hast ___ von 26 Punkten erreicht.

Halbschriftliche Multiplikation

zu Schülerbuchseiten 58–60

1 Rechne. Nutze die Nähe zum Zehner. **6**

a) 4 · 59 = 236; 4 · 60 = 240; 4 · 1 = 4

b) 8 · 29 = 232; 8 · 30 = 240; 8 · 1 = 8

c) 6 · 78 = 468; 6 · 80 = 480; 6 · 2 = 12

d) 9 · 19 = 171; 9 · 20 = 180; 9 · 1 = 9

e) 5 · 68 = 340; 5 · 70 = 350; 5 · 2 = 10

f) 4 · 498 = 1992; 4 · 500 = 2000; 4 · 2 = 8

2 Rechne. Nutze das gegensinnige Verändern. **9**

a) 8 · 25 = 200; 4 · 50 = 200

b) 6 · 50 = 300; 3 · 100 = 300

c) 16 · 40 = 640; 8 · 80 = 640

d) 6 · 45 = 270; 3 · 90 = 270

e) 40 · 15 = 600; 20 · 30 = 600

f) 18 · 25 = 450; 9 · 50 = 450

g) 12 · 30 = 360; 6 · 60 = 360

h) 14 · 50 = 700; 7 · 100 = 700

i) 18 · 30 = 540; 9 · 60 = 540

j) 60 · 50 = 3000; 30 · 100 = 3000

3 Rechne schrittweise. **6**

a) 15 · 25 = 375; 15 · 20 = 300; 15 · 5 = 75

b) 12 · 23 = 276; 12 · 20 = 240; 12 · 3 = 36

c) 11 · 49 = 539; 11 · 40 = 440; 11 · 9 = 99

d) 30 · 15 = 450; 30 · 10 = 300; 30 · 5 = 150

e) 13 · 61 = 793; 13 · 60 = 780; 13 · 1 = 13

f) 31 · 34 = 1054; 31 · 30 = 930; 31 · 4 = 124

Du hast ___ von 21 Punkten erreicht.

Teiler | Wiederholung Division

zu Schülerbuchseite 65–66

1 Schreibe zu jeder Zahl alle Teiler auf. **12**

a) Teiler von 5: 1, 5

b) Teiler von 10: 1, 2, 5, 10

c) Teiler von 28: 1, 2, 4, 7, 14, 28

d) Teiler von 35: 1, 5, 7, 35

e) Teiler von 42: 1, 2, 3, 6, 7, 14, 21, 42

f) Teiler von 36: 1, 2, 3, 4, 6, 9, 12, 18, 36

2 Schreibe für jede Zahl die Teiler auf. Kreise jeweils alle gemeinsamen Teiler ein. **12**

a) Teiler von 8 und 12
Teiler von 8: (1), (2), (4), 8
Teiler von 12: (1), (2), 3, (4), 6, 12

b) Teiler von 9 und 21
Teiler von 9: (1), (3), 9
Teiler von 21: (1), (3), 7, 21

c) Teiler von 15 und 24
Teiler von 15: (1), (3), 5, 15
Teiler von 24: (1), 2, (3), 4, 6, 8, 12, 24

d) Teiler von 12 und 48
Teiler von 12: (1), (2), (3), (4), (6), (12)
Teiler von 48: (1), (2), (3), (4), (6), 8, (12), 16, 24, 48

3 Welche Zahlen sind durch die angegebenen Zahlen ohne Rest teilbar? Kreise sie ein. **12**

a) durch 2 ohne Rest teilbar: (6), 23, (34), 11, 17, 15, (32), 29, (10), (26), (40)

b) durch 5 ohne Rest teilbar: 16, (35), (70), (85), 41, 67, (45), 53, (20), (55), 48

c) durch 10 ohne Rest teilbar: (20), 59, (30), 35, (80), 19, (110), 64, (90), 47, (60)

d) durch 100 ohne Rest teilbar: 672, (900), 750, (800), 138, (1000), (200), (300), (400), 529, 668

4 Dividiere. **6**

a) 29 : 5 = 5 R 4; 38 : 4 = 9 R 2

b) 51 : 6 = 8 R 3; 28 : 3 = 9 R 1

c) 34 : 7 = 4 R 6; 8 : 9 = 0 R 8

5 Berechne den Quotienten. **6**

a) 130 : 10 = 13; 190 : 10 = 19

b) 760 : 10 = 76; 980 : 10 = 98

c) 500 : 100 = 5; 800 : 100 = 8

Du hast ___ von 48 Punkten erreicht.

Analogien bei der Division

zu Schülerbuchseite 67

1 Schreibe auch die kleine Aufgabe. Rechne die kleine Aufgabe zuerst. **9**

a) 160 : 4 = 40; 16 : 4 = 4

b) 210 : 7 = 30; 21 : 7 = 3

c) 250 : 5 = 50; 25 : 5 = 5

d) 360 : 9 = 40; 36 : 9 = 4

e) 400 : 8 = 50; 40 : 8 = 5

f) 810 : 9 = 90; 81 : 9 = 9

2 Dividiere. Kontrolliere mit der Umkehraufgabe. **12**

a) 150 : 30 = 5; K: 5 · 30 = 150

b) 280 : 40 = 7; K: 7 · 40 = 280

c) 350 : 5 = 70; K: 70 · 5 = 350

d) 480 : 60 = 8; K: 8 · 60 = 480

e) 560 : 7 = 80; K: 80 · 7 = 560

f) 720 : 80 = 9; K: 9 · 80 = 720

3 Finde eine Aufgabenfamilie. Multipliziere und dividiere. **10**

a) 18, 9, 2
2 · 9 = 18
9 · 2 = 18
18 : 9 = 2
18 : 2 = 9

b) 30, 9, 270
30 · 9 = 270
9 · 30 = 270
270 : 9 = 30
270 : 30 = 9

c) 6, 70, 420
70 · 6 = 420
6 · 70 = 420
420 : 6 = 70
420 : 70 = 6

d) 630, 70, 9
70 · 9 = 630
9 · 70 = 630
630 : 9 = 70
630 : 70 = 9

4 Rechne. **12**

a)

:	3	30
90	30	3
180	60	6
240	80	8

b)

:	4	40
160	40	4
200	50	5
320	80	8

c)

:	6	60
480	80	8
120	20	2
600	100	10

d)

:	90	9
270	3	30
720	8	80
450	5	50

Du hast ___ von 43 Punkten erreicht.

Halbschriftliche Division

zu Schülerbuchseiten 68–72

1 Berechne den Quotienten. Kontrolliere mit der Umkehraufgabe. **9**

a) 462 : 7 = 66
420 : 7 = 60
42 : 7 = 6
K: 66 · 7 = 462
60 · 7 = 420
6 · 7 = 42

b) 441 : 9 = 49
360 : 9 = 40
81 : 9 = 9
K: 49 · 9 = 441
40 · 9 = 360
9 · 9 = 81

c) 536 : 4 = 134
400 : 4 = 100
136 : 4 = 34
K: 134 · 4 = 536
100 · 4 = 400
34 · 4 = 136

2 Rechne. Kontrolliere mit der Umkehraufgabe. **12**

a) 389 : 6 = 64 R 5
360 : 6 = 60
24 : 6 = 4
5
K: 64 · 6 = 384
60 · 6 = 360
4 · 6 = 24
384 + 5 = 389

b) 604 : 8 = 75 R 4
560 : 8 = 70
40 : 8 = 5
4
K: 75 · 8 = 600
70 · 8 = 560
5 · 8 = 40
600 + 4 = 604

c) 766 : 5 = 153 R 1
500 : 5 = 100
265 : 5 = 53
1
K: 153 · 5 = 765
100 · 5 = 500
53 · 5 = 265
765 + 1 = 766

Du hast ___ von 21 Punkten erreicht.

Sachrechnen mit Tabellen

zu Schülerbuchseiten 76–77

1 Lies den Text und trage die Informationen in die Tabelle ein. Beantworte die Fragen. **12**

Die Bücher und Zeitschriften in der Schulbücherei werden gezählt. Im ersten Stock gibt es 132 Bücher und 60 Zeitschriften. Im zweiten Stock gibt es 148 Bücher und 62 Zeitschriften. Im dritten Stock gibt es 71 Bücher und 83 Zeitschriften.

	Bücher	Zeitschriften
1. Stock	132	60
2. Stock	148	62
3. Stock	71	83

a) Wie viele Bücher gibt es im zweiten Stock?
A: Im zweiten Stock gibt es 148 Bücher.

b) In welchem Stock gibt es die wenigsten Zeitschriften?
A: Die wenigsten Zeitschriften gibt es im ersten Stock.

c) Wie viele Bücher gibt es insgesamt im ersten und zweiten Stock?
R: 132 + 148 = 280
A: Im ersten und zweiten Stock gibt es insgesamt 280 Bücher.

d) In welchem Stock ist der Unterschied zwischen Büchern und Zeitschriften am größten?
A: Der Unterschied zwischen Büchern und Zeitschriften ist im 2. Stock am größten.

2 Vervollständige die Tabelle mit den Preisen für die Zeitschriften. **9**

a)

Anzahl Zeitschriften	Preis in €
1	1,45
2	2,90
7	10,15
10	14,50

b)

Anzahl Zeitschriften	Preis in €
1	2,60
3	7,80
5	13,00
10	26,00

c)

Anzahl Zeitschriften	Preis in €
1	1,20
3	3,60
4	4,80
9	10,80

3 Welches Angebot ist günstiger? Vervollständige die Tabellen. Löse die Sachaufgabe. **5**

A: Zeitschriften 10 Stück für 23,50 €

Anzahl	Preis in €
10	23,50
1	2,35

B: Zeitschriften 6 Stück für 14,40 €

Anzahl	Preis in €
6	14,40
1	2,40

A: Das Angebot mit den 10 Zeitschriften für 23,50 € ist günstiger.

Du hast ___ von 26 Punkten erreicht.

Körper | Würfelnetze | Baupläne

zu Schülerbuchseiten 79–83

1 Ordne den Körpern alle passenden Ansichten zu. **6**

Prisma: B, A
Würfel: D
Quader: A, D
Pyramide: B, D

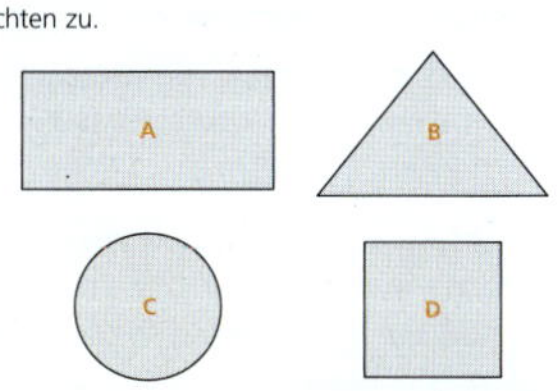

2 Welcher Körper ist es? Schreibe. **3**

a) Ich habe vier rechteckige und zwei quadratische Seitenflächen. – Quader

b) Ich habe vier dreieckige und eine quadratische Seitenfläche. – Pyramide

c) Ich habe zwei kreisförmige und eine rechteckige Seitenfläche. – Zylinder

3 Färbe gegenüberliegende Seiten im Würfelnetz mit der gleichen Farbe. **6**

a) b)

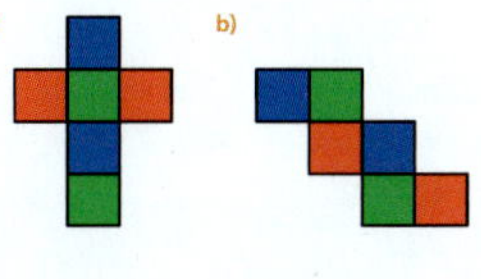

4 Ergänze zu einem Würfelnetz. **2**

a) b)

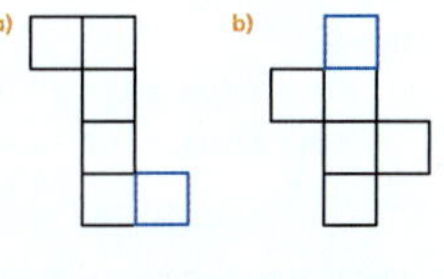

5 Zeichne den Bauplan. **4**

a)

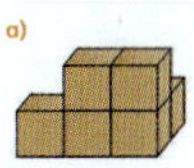

		1
1	2	2

b)

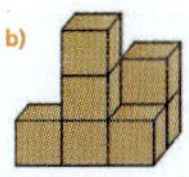

		2
1	3	1

6 Welche Baupläne passen zu dem Gebäude? Kreuze an. **2**

○

1	
2	1

○

3	2

×

2	1

○

1	2

Du hast ___ von 23 Punkten erreicht.

Uhrzeiten – s | Zeitspannen – min, h, d

zu Schülerbuchseiten 84–85

1 Wie spät ist es? Schreibe beide Uhrzeiten. **4**

a) 2:37:07 Uhr / 14:37:07 Uhr
b) 9:26:19 Uhr / 21:26:19 Uhr
c) 11:43:34 Uhr / 23:43:34 Uhr
d) 1:03:59 Uhr / 13:03:59 Uhr

2 Zeichne alle Zeiger ein. **4**

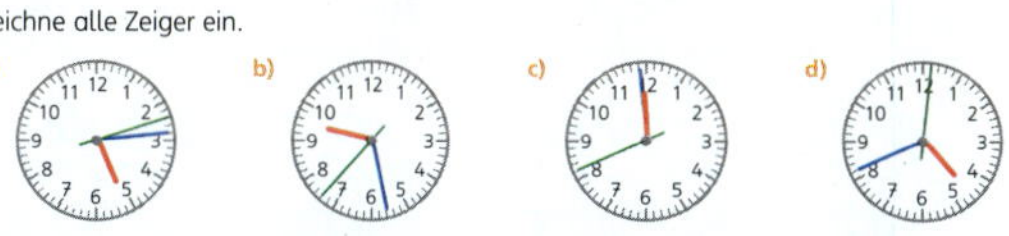

a) 17:14:12 Uhr
b) 09:28:37 Uhr
c) 23:59:41 Uhr
d) 04:41:01 Uhr

3 Wandle um. Schreibe in Sekunden. **6**

a) 3 min = 180 s; 7 min = 420 s; 10 min = 600 s
b) 4 min = 240 s; 9 min = 540 s; 11 min = 660 s

4 Wandle um. Schreibe in Minuten. **6**

a) 120 s = 2 min; 240 s = 4 min; 180 s = 3 min
b) 540 s = 9 min; 480 s = 8 min; 360 s = 6 min

5 Wandle um. Schreibe in Stunden und Minuten. **4**

a) 127 min = 2 h 7 min
b) 251 min = 4 h 11 min
c) 419 min = 6 h 59 min
d) 47 min = 0 h 47 min

6 Setze ein: >, < oder = **9**

a) 37 min < 1 h 7 min
122 min = 2 h 2 min
3 h 47 min < 347 min

b) 1 h 23 min < 2 h 13 min
277 min > 4 h 27 min
326 min = 5 h 26 min

c) 3 min 24 s < 324 s
5 min 24 s > 274 min
2 min 55 s = 175 s

7 Wandle um und trage ein. **8**

Tage	2 d	4 d	5 d	7 d	8 d	9 d	10 d	11 d	20 d
Stunden	48 h	96 h	120 h	168 h	192 h	216 h	240 h	264 h	480 h

Du hast ___ von 41 Punkten erreicht.

Zeitpunkte | Zeitspannen

zu Schülerbuchseiten 86–87

1 Wieviel Zeit ist vergangen? Rechne. **6**

a) 02:25 Uhr —+ 32 min→ 02:57 Uhr b) 07:48 Uhr —+ 51 min→ 08:39 Uhr

c) 17:33 Uhr —+ 3 h 39 min→ 21:12 Uhr d) 19:21 Uhr —+ 4 h 56 min→ 00:17 Uhr

e) 11:09 Uhr —+ 3 h 53 min→ 15:02 Uhr —+ 7 h 49 min→ 22:51 Uhr

2 Wie spät ist es dann? Rechne. **6**

a) 07:26 Uhr —+27 min→ 07:53 Uhr b) 10:48 Uhr —+33 min→ 11:21 Uhr

c) 08:14 Uhr —+2 h 7 min→ 10:21 Uhr d) 14:51 Uhr —+4 h 23 min→ 19:14 Uhr

e) 06:24 Uhr —+3 h 17 min→ 09:41 Uhr —+2 h 29 min→ 12:10 Uhr

3 Wie spät war es zu Beginn? Rechne. **6**

a) 16:23 Uhr —+49 min→ 17:12 Uhr b) 13:09 Uhr —+1 h 16 min→ 14:25 Uhr

c) 17:43 Uhr —+4 h 19 min→ 22:02 Uhr d) 19:11 Uhr —+6 h 16 min→ 01:17 Uhr

e) 12:05 Uhr —+3 h 12 min→ 15:17 Uhr —+2 h 41 min→ 17:58 Uhr

4 Ordne die Zeitspannen der Größe nach. **10**

a) 2 h 41 min | 241 min | 1 h 24 min | 124 h | 81 min

81 min < 1 h 24 min < 2 h 41 min < 241 min < 124 h

b) 97 s | 9 min 7 s | 79 min 9 s | 7 min 29 s | 279 s

97 s < 279 s < 7 min 29 s < 9 min 7 s < 79 min 9 s

5 Ergänze. **9**

a) 34 s + 26 s = 1 min; 29 s + 31 s = 1 min; 41 s + 19 s = 1 min

b) 19 min + 41 min = 1 h; 4 min + 26 min = ½ h; 9 min + 16 min = ¼ h

c) 13 h + 11 h = 1 d; 9 h + 15 h = 1 d; 21 h + 3 h = 1 d

Du hast ___ von 37 Punkten erreicht.

Schriftliche Addition

zu Schülerbuchseiten 91–94

1 Addiere schriftlich. **5**

	a)	b)	c)	d)	e)
	H Z E	H Z E	H Z E	H Z E	T H Z E
	4 5 7	5 9 3	1 4 8	4 6 5	8 5 7
+	1 2 8	2 6 0	6 7 5	2 3 9	1 5 1
Überträge	1	1	1 1	1 1	1 1
=	5 8 5	8 5 3	8 2 3	7 0 4	1 0 0 8

2 Schreibe stellengerecht untereinander und bilde die Summe. **8**

a) 563 + 38 + 377 b) 285 + 306 + 262 c) 173 + 526 + 25 d) 149 + 48 + 837

	a)	b)	c)	d)
	H Z E	H Z E	H Z E	T H Z E
	5 6 3	2 8 5	1 7 3	1 4 9
+	3 8	3 0 6	5 2 6	4 8
+	3 7 7	2 6 2	2 5	8 3 7
Überträge	1 1	1 1	1 1	1 1 2
=	9 7 8	8 5 3	7 2 4	1 0 3 4

3 Welches Ergebnis kann stimmen? Überschlage und umkreise das passende Ergebnis. Addiere dann genau. **6**

a) 757 + 185 742 842 (942)

Ü: 800 + 200 = 1000

757 + 185 = 942 (Überträge: 1 1)

b) 264 + 359 (623) 633 643

Ü: 260 + 360 = 620

264 + 359 = 623 (Überträge: 1 1)

4 Ergänze die fehlenden Ziffern. Denke an die Überträge. **8**

	a)	b)	c)	d)	e)
	6 0 8	6 7 2	4 6 6	2 9 7	6 1 8
+	2 6 8	4 1 3	3 3 5	2 8 5	1 6 7
+				3 7 1	3 0 6
=	8 7 6	1 0 8 5	8 0 1	9 5 3	1 0 9 1

5 Berechne. **7**

a) Addiere das Doppelte von 186 mit 459.

372 + 459 = 831 (Überträge: 1 1)

b) Bilde die Summe aus der Hälfte von 876 und dem Dreifachen von 94.

438 + 282 = 720 (Überträge: 1 1)

Du hast ___ von 34 Punkten erreicht.

Schriftliche Subtraktion

zu Schülerbuchseiten 101–107

* **1** Subtrahiere schriftlich. **5**

	a)	b)	c)	d)	e)
	H Z E	H Z E	H Z E	H Z E	H Z E
	2 5 6	9 1 7	7 4 3	6 2 5	8 7 1
−	1 1 3	6 0 5	2 3 1	7 4	7 9 0
=	1 4 3	3 1 2	5 1 2	5 5 1	8 1

* **2** Schreibe stellengerecht untereinander und berechne die Differenz. **8**

a) 311 − 124 b) 1000 − 87 c) 745 − 370 d) 561 − 289

	a)	b)	c)	d)
	H Z E	T H Z E	H Z E	H Z E
	3 1 1	1 0 0 0	7 4 5	5 6 1
−	1 2 4	8 7	3 7 0	2 8 9
=	1 8 7	9 1 3	3 7 5	2 7 2

* **3** Ergänze die fehlenden Ziffern. Denke an die Überträge. **5**

	a)	b)	c)	d)	e)
	9 3 1	8 6 0	3 4 9	6 4 2	7 4 4
−	6 2 0	4 8 6	1 2 1	3 9	3 3 8
=	3 1 1	3 7 4	2 2 8	6 0 3	4 0 6

* **4** Überschlage zuerst und subtrahiere schriftlich. **4**

a) 820 − 69

Ü: 800 − 70 = 730

820 − 69 = 751 (Überträge: 1 1)

b) 678 − 489

Ü: 700 − 500 = 200

678 − 489 = 169 (Überträge: 1 1)

* **5** Welche Fehler wurden gemacht? Markiere die Fehler und berichtige die Aufgabe. **8**

a) 459 (−) 125 = (584) → berichtigt: 459 − 125 = 334

b) 641 (− 99) = 351 → berichtigt: 641 − 99 = 542 (Überträge: 1 1)

* Lösungen im Ergänzungsverfahren. Abziehverfahren unter: das-mathebuch.de/loesung2

Du hast ___ von 30 Punkten erreicht.

Längen

zu Schülerbuchseiten 109–111

1 Wandle um. Schreibe auf drei Arten. **15**

a)

147 cm	319 cm	486 cm	909 cm	612 cm	1304 cm
1 m 47 cm	3 m 19 cm	4 m 86 cm	9 m 9 cm	6 m 12 cm	13 m 4 cm
1,47 m	3,19 m	4,86 m	9,09 m	6,12 m	13,04 m

b)

36 mm	57 mm	40 mm	173 mm	890 mm	3 mm
3 cm 6 mm	5 cm 7 mm	4 cm 0 mm	17,3 cm	89,0 cm	0 cm 3 mm
3,6 cm	5,7 cm	4,0 cm	17 cm 3 mm	89 cm 0 mm	0,3 cm

c)

1320 m	4209 m	6099 m	4444 m	6003 m	19012 m
1 km 320 m	4 km 209 m	6 km 99 m	4 km 444 m	6 km 3 m	19 km 12 m
1,320 km	4,209 km	6,099 km	4,444 km	6,003 km	19,012 km

2 Ordne die Längen der Größe nach. **6**

3 m 16 cm | 316 m | 613 cm | 6 cm 3 mm | 3,06 m | 136 cm

6 cm 3 mm < 136 cm < 3,06 m < 3 m 16 cm < 613 cm < 316 m

3 Ergänze. **6**

a) 560 m + 440 m = 1 km; 730 m + 270 m = 1 km

b) 698 m + 302 m = 1 km; 271 m + 729 m = 1 km

c) 97 m + 903 m = 1 km; 403 m + 597 m = 1 km

4 Miss die Strecke mit dem Lineal. Schreibe auf. **5**

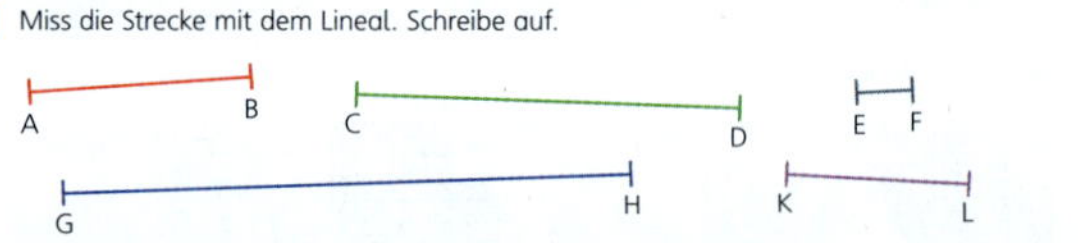

$\overline{AB}$ = 3,4 cm $\overline{CD}$ = 5,9 cm $\overline{EF}$ = 0,9 cm $\overline{GH}$ = 8,7 cm $\overline{KL}$ = 2,8 cm

5 Zeichne die folgenden Strecken mit Lineal auf ein weißes Blatt. **6**

a) $\overline{AB}$ = 4,5 cm b) $\overline{CD}$ = 1 cm 7 mm c) $\overline{EF}$ = 13,4 cm

d) $\overline{GH}$ = 4 mm e) $\overline{KL}$ = 65 mm f) $\overline{MN}$ = 7 cm 9 mm

Du hast ___ von 38 Punkten erreicht.

Addition und Subtraktion von Kommazahlen
zu Schülerbuchseiten 115–116

*1 Wandle in Kommaschreibweise um und rechne schriftlich. **18**

a) 84 € 24 ct + 37 € 45 ct
84,24 € + 37,45 € = 121,69 €

b) 312 € 79 ct + 209 € 13 ct
312,79 € + 209,13 € = 512,92 €

c) 174 € 29 ct + 34 € 12 ct
174,29 € + 34,12 € = 208,41 €

d) 276 € 38 ct – 153 € 21 ct
276,38 € – 153,21 € = 123,17 €

e) 406 € 13 ct – 249 € 77 ct
406,13 € – 249,77 € = 156,36 €

f) 542 € 47 ct – 116 € 8 ct
542,47 € – 116,08 € = 426,39 €

g) 78 m 46 cm + 17 m 32 cm
78,46 € + 17,32 € = 95,78 €

h) 744 m 63 cm + 37 m 41 cm
744,63 € + 37,41 € = 782,04 €

i) 680 m 57 cm – 312 m 7 cm
680,57 € – 312,07 € = 368,50 €

2 Runde auf volle Euro. **4**

a) 26,85 € ≈ 27 € b) 144,52 € ≈ 145 € c) 396,17 € ≈ 396 € d) 285,09 € ≈ 285 €

*3 Wie viel Geld bleibt übrig? Überschlage zuerst, rechne dann genau. **6**

a) 

14,99 €

Ü: 20 € – 15 € = 5 €

R: 20,00 € + 14,99 € = 5,01 €

A: Es bleiben 5,01 € übrig.

b) 

7,25 €

Ü: 100 € – 7 € = 93 €

R: 100,00 € + 7,25 € = 92,75 €

A: Es bleiben 92,75 € übrig.

* Lösungen im Ergänzungsverfahren.
Abziehverfahren unter: das-mathebuch.de/loesung2

Du hast ___ von 28 Punkten erreicht.

Gewichte
zu Schülerbuchseiten 117–119

1 Ordne die Kinder nach ihrem Gewicht. Beginne mit dem leichtesten Kind. **3**

Mira < Emma < Max

2 Verbinde. **3**

100 g | 1 kg | 1 g | 500 g | 250 g | 20 g

3 Male gleiche Gewichte in der gleichen Farbe an. **3**

$\frac{1}{2}$ kg | 1 kg | 500 g | $\frac{1}{4}$ kg | 250 g | 1000 g

4 Ordne der Größe nach. **3**

25 kg | 500 kg | 1000 g | 750 g | $\frac{1}{2}$ kg | 250 g

250 g < $\frac{1}{2}$ kg < 750 g < 1000 g < 25 kg < 500 kg

5 Ergänze. **6**

a) 300 g + 700 g = 1 kg
740 g + 260 g = 1 kg
72 g + 928 g = 1 kg
8 g + 992 g = 1 kg

b) 100 g + 150 g = $\frac{1}{4}$ kg
220 g + 30 g = $\frac{1}{4}$ kg
45 g + 205 g = $\frac{1}{4}$ kg
6 g + 244 g = $\frac{1}{4}$ kg

c) 100 g + 400 g = $\frac{1}{2}$ kg
230 g + 270 g = $\frac{1}{2}$ kg
93 g + 407 g = $\frac{1}{2}$ kg
7 g + 493 g = $\frac{1}{2}$ kg

6 Setze ein: >, < oder = **4**

a) 800 g > 300 g
780 g < 870 g

b) 973 g > 937 g
261 g < 621 g

c) 500 g = $\frac{1}{2}$ kg
$\frac{1}{4}$ kg < 250 kg

d) 1000 kg > 1 g
50 g < 50 kg

Du hast ___ von 22 Punkten erreicht.

Liter und Milliliter
zu Schülerbuchseiten 121–123

1 Verbinde jeweils mit dem passenden Messbecher. **4**

$\frac{1}{4}$ l | $\frac{1}{2}$ l | 1 l | $\frac{3}{4}$ l

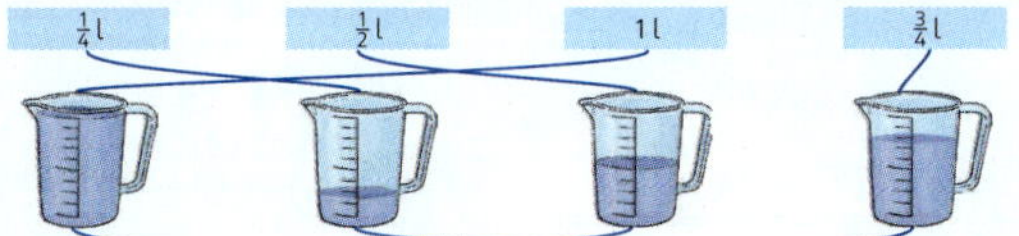

500 ml | 1000 ml | 750 ml | 250 ml

2 Ordne der Größe nach. **3**

75 ml | 1000 ml | $\frac{3}{4}$ l | 250 ml | $\frac{1}{2}$ l | 750 l

750 l > 1000 ml > $\frac{3}{4}$ l > $\frac{1}{2}$ l > 250 ml > 75 ml

3 Ergänze. **12**

a) 800 ml + 200 ml = 1000 ml = 1 l
630 ml + 370 ml = 1000 ml = 1 l
948 ml + 52 ml = 1000 ml = 1 l

b) 500 ml + 250 ml = 750 ml = $\frac{3}{4}$ l
280 ml + 470 ml = 750 ml = $\frac{3}{4}$ l
731 ml + 19 ml = 750 ml = $\frac{3}{4}$ l

c) 100 ml + 150 ml = 250 ml = $\frac{1}{4}$ l
180 ml + 70 ml = 250 ml = $\frac{1}{4}$ l
216 ml + 34 ml = 250 ml = $\frac{1}{4}$ l

d) 100 ml + 400 ml = 500 ml = $\frac{1}{2}$ l
267 ml + 233 ml = 500 ml = $\frac{1}{2}$ l
453 ml + 47 ml = 500 ml = $\frac{1}{2}$ l

4 Setze ein: >, < oder = **4**

a) 240 ml < 530 ml
246 ml < 829 ml

b) 832 l > 328 l
671 l < 761 l

c) $\frac{3}{4}$ l = 750 ml
$\frac{1}{2}$ l > 250 ml

d) 500 ml < 500 l
1000 l > 1 l

5 Wie viel haben die Kinder getrunken? Trage ein. **5**

	200 ml	500 ml	200 ml	250 ml	330 ml	gesamt
Hanna		1			1	830 ml
Max	2			2		900 ml
Emma	2		2			800 ml
Mira		1	1	1		950 ml
Tim				1	2	910 ml

Du hast ___ von 28 Punkten erreicht.

Rechenregeln | Gleichungen | Ungleichungen
zu Schülerbuchseiten 125–126

1 Rechne. **12**

a) 4 + 21 = 25
4 + 7 · 3 = 25

9 + 32 = 41
9 + 8 · 4 = 41

25 – 18 = 7
25 – 3 · 6 = 7

87 – 63 = 24
87 – 9 · 7 = 24

b) 36 + 46 = 82
4 · 9 + 46 = 82

36 – 13 = 23
6 · 6 – 13 = 23

6 + 22 = 28
42 : 7 + 22 = 28

6 – 6 = 0
54 : 9 – 6 = 0

c) 45 + 20 = 65
45 + 120 : 6 = 65

60 – 34 = 26
480 : 8 – 34 = 26

280 + 69 = 349
4 · 70 + 69 = 349

455 – 270 = 185
455 – 3 · 90 = 185

2 Rechne. **9**

a) 28 – 20 = 8
7 · 4 – 4 · 5 = 8

48 + 9 = 57
6 · 8 + 3 · 3 = 57

25 – 18 = 7
5 · 5 – 2 · 9 = 7

b) 25 + 2 – 3 = 24
25 + 14 : 7 – 3 = 24

86 – 4 + 12 = 94
86 – 32 : 8 + 12 = 94

48 + 36 + 7 = 91
48 + 9 · 4 + 7 = 91

c) 240 + 270 = 510
4 · 60 + 9 · 30 = 510

90 – 90 = 0
810 : 9 – 9 · 10 = 0

34 + 80 + 69 = 183
34 + 160 : 2 + 69 = 183

3 Ergänze. **12**

a) 7 · 6 = 38 + ■ Lösung: 4
7 · 6 > 38 + ■ Lösungen: 0, 1, 2, 3

b) 6 · ■ = 3 · 4 Lösung: 2
6 · ■ < 3 · 4 Lösungen: 0, 1

c) 48 – 8 > 8 · ■ Lösungen: 0, 1, 2, 3, 4
48 – 8 = 8 · ■ Lösung: 6

d) 63 : 7 = ■ · 3 Lösung: 3
63 : 7 > ■ · 3 Lösungen: 0, 1, 2

e) 59 + ■ < 11 · 6 Lösungen: 0, 1, 2, 3, 4, 5, 6
59 + ■ = 11 · 6 Lösung: 7

f) 36 – 9 = ■ · 9 Lösung: 3
36 – 9 > ■ · 9 Lösungen: 0, 1, 2

4 Ergänze. **8**

a) 222 – 22 = ■ + 55 Lösung: 145
267 – 40 = 180 + ■ Lösung: 47
40 · 9 = 6 · ■ Lösung: 60
720 : 8 = 270 : ■ Lösung: 3

b) 345 – 45 > 295 + ■ Lösungen: 0, 1, 2, 3, 4
488 + 52 > 535 + ■ Lösungen: 0, 1, 2, 3, 4
12 · 4 > 9 · ■ Lösungen: 0, 1, 2, 3, 4, 5
420 : 70 > 3 · ■ Lösungen: 0, 1

Du hast ___ von 41 Punkten erreicht.

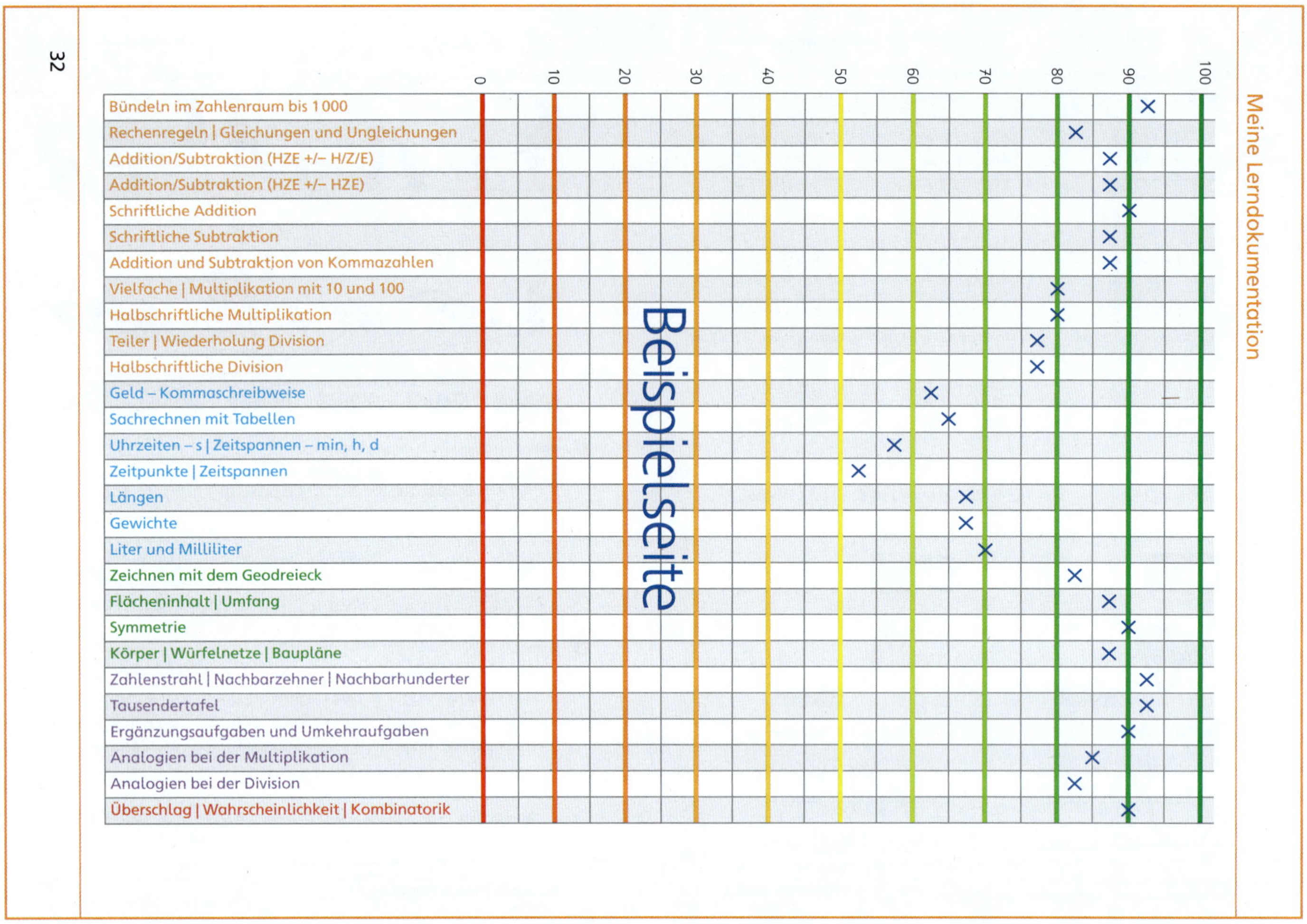

32

Meine Lerndokumentation

Beispielseite

	0	10	20	30	40	50	60	70	80	90	100
Bündeln im Zahlenraum bis 1 000										×	
Rechenregeln | Gleichungen und Ungleichungen									×		
Addition/Subtraktion (HZE +/– H/Z/E)									×		
Addition/Subtraktion (HZE +/– HZE)									×		
Schriftliche Addition										×	
Schriftliche Subtraktion									×		
Addition und Subtraktion von Kommazahlen									×		
Vielfache | Multiplikation mit 10 und 100									×		
Halbschriftliche Multiplikation									×		
Teiler | Wiederholung Division								×			
Halbschriftliche Division								×			
Geld – Kommaschreibweise							×				
Sachrechnen mit Tabellen							×				
Uhrzeiten – s | Zeitspannen – min, h, d						×					
Zeitpunkte | Zeitspannen						×					
Längen							×				
Gewichte							×				
Liter und Milliliter								×			
Zeichnen mit dem Geodreieck									×		
Flächeninhalt | Umfang									×		
Symmetrie										×	
Körper | Würfelnetze | Baupläne									×		
Zahlenstrahl | Nachbarzehner | Nachbarhunderter										×	
Tausendertafel										×	
Ergänzungsaufgaben und Umkehraufgaben										×	
Analogien bei der Multiplikation									×		
Analogien bei der Division									×		
Überschlag | Wahrscheinlichkeit | Kombinatorik										×	

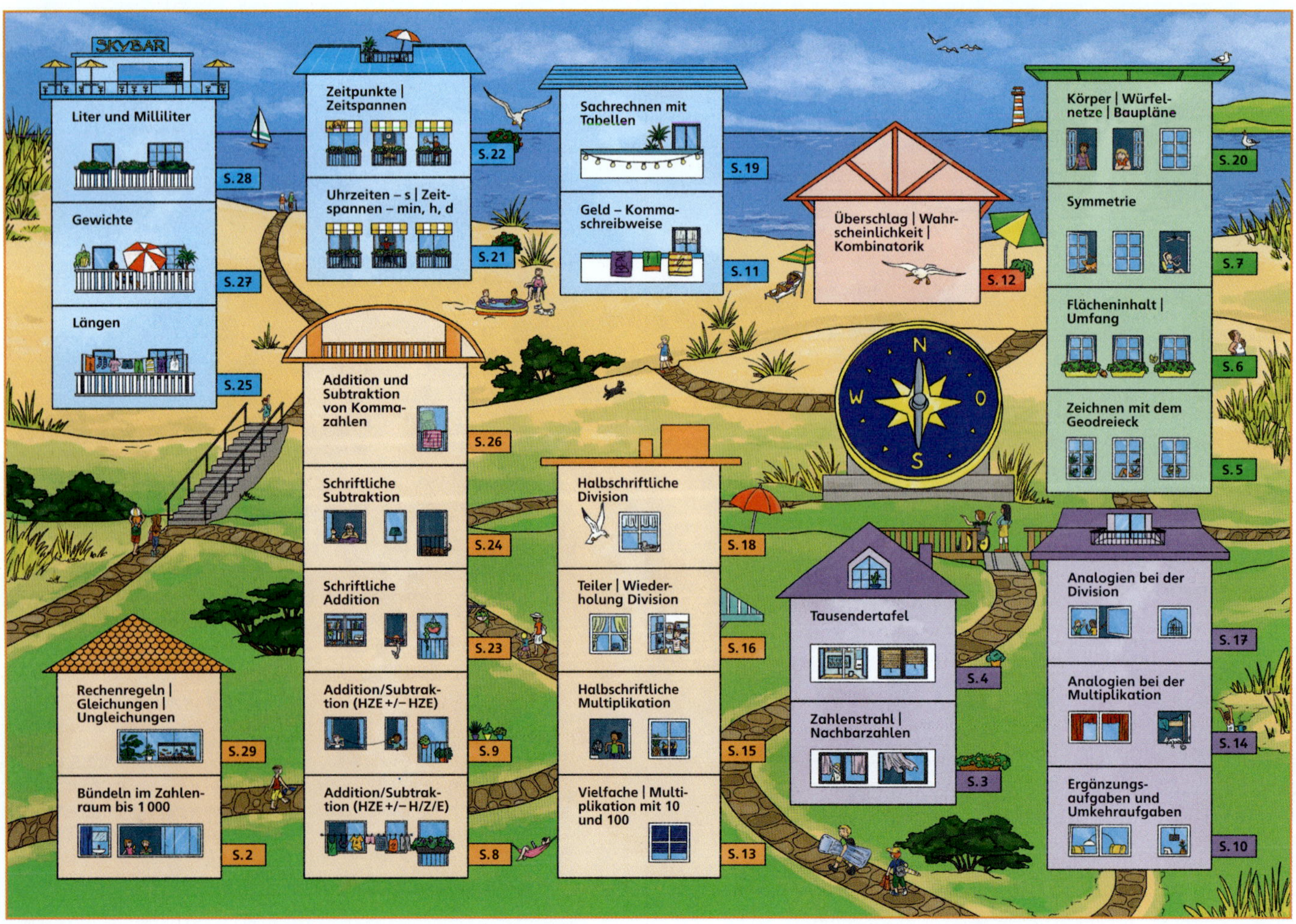

1 Schreibe auch die kleine Aufgabe. Rechne die kleine Aufgabe zuerst.

a) 160 : 4 = ___
___ : ___ = ___

b) 210 : 7 = ___
___ : ___ = ___

c) 250 : 5 = ___
___ : ___ = ___

d) 360 : 9 = ___
___ : ___ = ___

e) 400 : 8 = ___
___ : ___ = ___

f) 810 : 9 = ___
___ : ___ = ___

2 Dividiere. Kontrolliere mit der Umkehraufgabe.

a) 150 : 30 = ___
K: ___

b) 280 : 40 = ___
K: ___

c) 350 : 5 = ___
K: ___

d) 480 : 60 = ___
K: ___

e) 560 : 7 = ___
K: ___

f) 720 : 80 = ___
K: ___

3 Finde eine Aufgabenfamilie. Multipliziere und dividiere.

a) 18, 9, ___

b) 30, ___, 270

c) 6, ___, 420

d) 630, 70, ___

4 Rechne.

a)

:	3	30
90		
180		
240		

b)

:	4	40
160		
200		
320		

c)

:	6	
	80	8
	20	
		10

d)

:		
270	3	
	8	80
		50

Diese Aufgaben waren für mich ☺ 😐 ☹

1 Berechne den Quotienten. Kontrolliere mit der Umkehraufgabe.

a) 4 6 2 : 7 =

K:

b) 4 4 1 : 9 =

K:

c) 5 3 6 : 4 =

K:

2 Rechne. Kontrolliere mit der Umkehraufgabe.

a) 3 8 9 : 6 =

K:

b) 6 0 4 : 8 =

K:

c) 7 6 6 : 5 =

K:

Diese Aufgaben waren für mich ☺ 😐 ☹

1 Lies den Text und trage die Informationen in die Tabelle ein. Beantworte die Fragen.

Die Bücher und Zeitschriften in der Schulbücherei werden gezählt. Im ersten Stock gibt es 132 Bücher und 60 Zeitschriften. Im zweiten Stock gibt es 148 Bücher und 62 Zeitschriften. Im dritten Stock gibt es 71 Bücher und 83 Zeitschriften.

a) Wie viele Bücher gibt es im zweiten Stock?

A: ______________________________

b) In welchem Stock gibt es die wenigsten Zeitschriften?

A: ______________________________

c) Wie viele Bücher gibt es insgesamt im ersten und zweiten Stock?

R:

A: ______________________________

____

____

d) In welchem Stock ist der Unterschied zwischen Büchern und Zeitschriften am größten?

A: ______________________________

____

2 Vervollständige die Tabelle mit den Preisen für die Zeitschriften.

a)

Anzahl Zeitschriften	Preis in €
1	1,45
2	
7	
10	

b)

Anzahl Zeitschriften	Preis in €
1	
3	
5	
10	26,00

c)

Anzahl Zeitschriften	Preis in €
1	
3	
4	4,80
9	

3 Welches Angebot ist günstiger? Vervollständige die Tabellen. Löse die Sachaufgabe.

A Zeitschriften
10 Stück für 23,50 €

	Preis in €

B Zeitschriften
6 Stück für 14,40 €

	Preis in €

A: ______________________________

____

____

____

Diese Aufgaben waren für mich ☺ 😐 ☹

1 Ordne den Körpern alle passenden Ansichten zu.

Prisma: ____________

Würfel: ____________

Quader: ____________

Pyramide: ____________

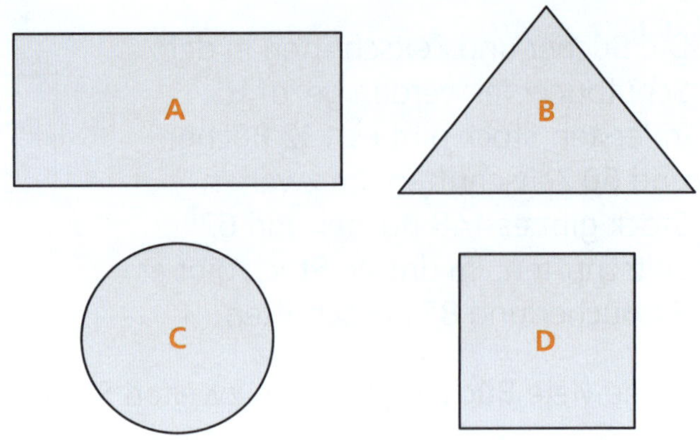

2 Welcher Körper ist es? Schreibe.

a) Ich habe vier rechteckige und zwei quadratische Seitenflächen.

____

b) Ich habe vier dreieckige und eine quadratische Seitenfläche.

____

c) Ich habe zwei kreisförmige und eine rechteckige Seitenfläche.

____

3 Färbe gegenüberliegende Seiten im Würfelnetz mit der gleichen Farbe.

a) 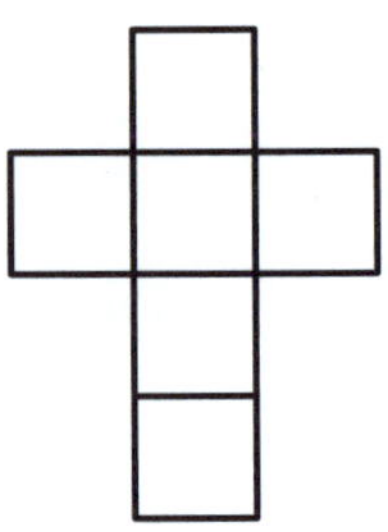

b) 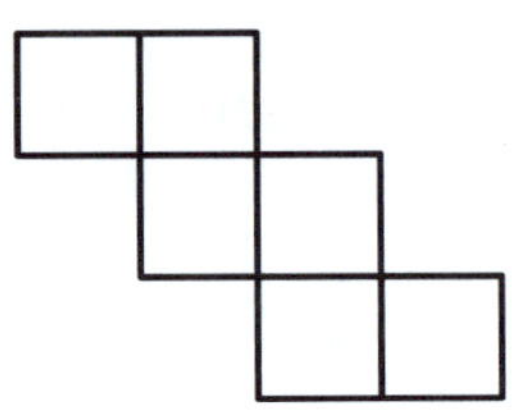

4 Ergänze zu einem Würfelnetz.

a) 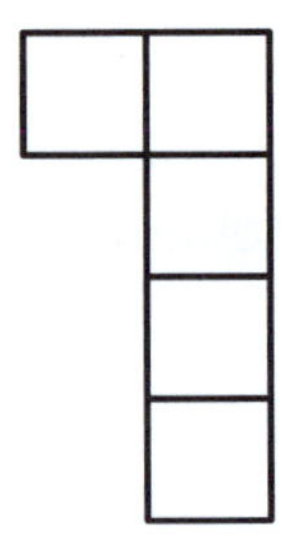

b) 

5 Zeichne den Bauplan.

a) 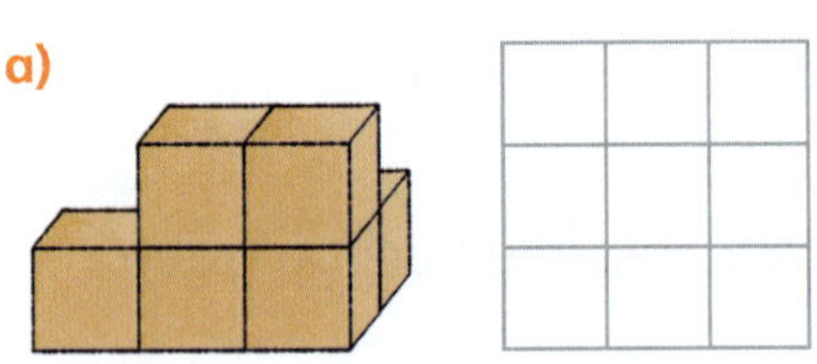

b) 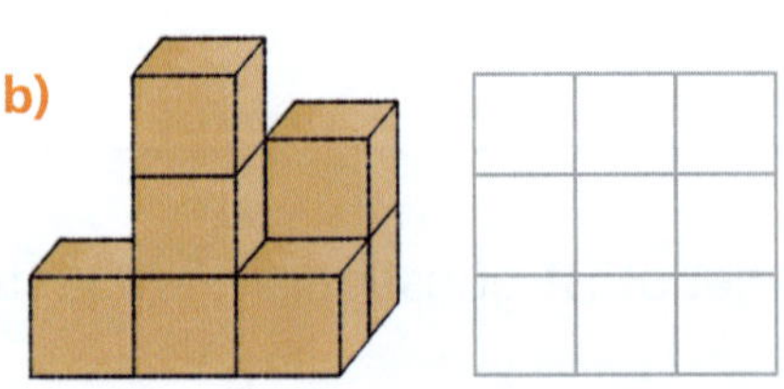

6 Welche Baupläne passen zu dem Gebäude? Kreuze an.

○

1	
2	1

○

3	2

○

2	1

○

1	2

Diese Aufgaben waren für mich ☺ 😐 ☹

1 Wie spät ist es? Schreibe beide Uhrzeiten.

a) 

_______ Uhr

_______ Uhr

b) 

_______ Uhr

_______ Uhr

c) 

_______ Uhr

_______ Uhr

d) 

_______ Uhr

_______ Uhr

2 Zeichne alle Zeiger ein.

a) 

17:14:12 Uhr

b) 

09:28:37 Uhr

c) 

23:59:41 Uhr

d) 

04:41:01 Uhr

3 Wandle um. Schreibe in Sekunden.

a) 3 min = _______ s   7 min = _______ s   10 min = _______ s

b) 4 min = _______ s   9 min = _______ s   11 min = _______ s

4 Wandle um. Schreibe in Minuten.

a) 120 s = _____ min   240 s = _____ min   180 s = _____ min

b) 540 s = _____ min   480 s = _____ min   360 s = _____ min

5 Wandle um. Schreibe in Stunden und Minuten.

a) 127 min = _______________   b) 251 min = _______________

c) 419 min = _______________   d) 47 min = _______________

6 Setze ein: >, < oder =

a) 37 min ◯ 1 h 7 min
122 min ◯ 2 h 2 min
3 h 47 min ◯ 347 min

b) 1 h 23 min ◯ 2 h 13 min
277 min ◯ 4 h 27 min
326 min ◯ 5 h 26 min

c) 3 min 24 s ◯ 324 s
5 min 24 s ◯ 274 min
2 min 55 s ◯ 175 s

7 Wandle um und trage ein.

Tage	2 d	4 d	5 d		8 d		10 d		20 d
Stunden	48 h			168 h		216 h		264 h	

Diese Aufgaben waren für mich ☺ 😐 ☹

1 Wieviel Zeit ist vergangen? Rechne.

a) 02:25 Uhr —+ ____→ 02:57 Uhr

b) 07:48 Uhr —+ ____→ 08:39 Uhr

c) 17:33 Uhr —+ ____→ 21:12 Uhr

d) 19:21 Uhr —+ ____→ 00:17 Uhr

e) 11:09 Uhr —+ ____→ 15:02 Uhr —+ ____→ 22:51 Uhr

2 Wie spät ist es dann? Rechne.

a) 07:26 Uhr —+27 min→ ____

b) 10:48 Uhr —+33 min→ ____

c) 08:14 Uhr —+2 h 7 min→ ____

d) 14:51 Uhr —+4 h 23 min→ ____

e) 06:24 Uhr —+3 h 17 min→ ____ —+2 h 29 min→ ____

3 Wie spät war es zu Beginn? Rechne.

a) ____ —+49 min→ 17:12 Uhr

b) ____ —+1 h 16 min→ 14:25 Uhr

c) ____ —+4 h 19 min→ 22:02 Uhr

d) ____ —+6 h 16 min→ 01:17 Uhr

e) ____ —+3 h 12 min→ ____ —+2 h 41 min→ 17:58 Uhr

4 Ordne die Zeitspannen der Größe nach.

a) 2 h 41 min | 241 min | 1 h 24 min | 124 h | 81 min

____ < ____ < ____ < ____ < ____

b) 97 s | 9 min 7 s | 79 min 9 s | 7 min 29 s | 279 s

____ < ____ < ____ < ____ < ____

5 Ergänze.

a) 34 s + ____ = 1 min

29 s + ____ = 1 min

41 s + ____ = 1 min

b) 19 min + ____ = 1 h

4 min + ____ = $\frac{1}{2}$ h

9 min + ____ = $\frac{1}{4}$ h

c) 13 h + ____ = 1 d

9 h + ____ = 1 d

21 h + ____ = 1 d

Diese Aufgaben waren für mich ☺ 😐 ☹

1 Addiere schriftlich.

a)

	H	Z	E
	4	5	7
+	1	2	8

b)

	H	Z	E
	5	9	3
+	2	6	0

c)

	H	Z	E
	1	4	8
+	6	7	5

d)

	H	Z	E
	4	6	5
+	2	3	9

e)

	T	H	Z	E
		8	5	7
+		1	5	1

2 Schreibe stellengerecht untereinander und bilde die Summe.

a) 563 + 38 + 377 b) 285 + 306 + 262 c) 173 + 526 + 25 d) 149 + 48 + 837

	H	Z	E

	H	Z	E

	H	Z	E

	T	H	Z	E

3 Welches Ergebnis kann stimmen? Überschlage und umkreise das passende Ergebnis.
Addiere dann genau.

a) 757 + 185   742   842   942

Ü:

b) 264 + 359   623   633   643

Ü:

4 Ergänze die fehlenden Ziffern. Denke an die Überträge.

a)

		0	
+	2		8
	8	7	6

b)

		7	2
+	4		
1	0	8	5

c)

	4	6	
+			5
	8	0	1

d)

	2		7
+	2	8	
+		7	1
	9	5	3

e)

	6		
+	1	6	7
+		0	6
	0	9	1

5 Berechne.

a) Addiere das Doppelte von 186 mit 459.

b) Bilde die Summe aus der Hälfte von 876 und dem Dreifachen von 94.

Diese Aufgaben waren für mich ☺ 😐 ☹

1 Subtrahiere schriftlich.

a)

	H	Z	E
	2	5	6
−	1	1	3

b)

	H	Z	E
	9	1	7
−	6	0	5

c)

	H	Z	E
	7	4	3
−	2	3	1

d)

	H	Z	E
	6	2	5
−		7	4

e)

	H	Z	E
	8	7	1
−	7	9	0

2 Schreibe stellengerecht untereinander und berechne die Differenz.

a) 311 − 124 b) 1 000 − 87 c) 745 − 370 d) 561 − 289

a)

	H	Z	E

b)

	T	H	Z	E

c)

	H	Z	E

d)

	H	Z	E

3 Ergänze die fehlenden Ziffern. Denke an die Überträge.

a)

		3	1
−	6	2	
	3	1	1

b)

	8		0
−		8	6
	3	7	4

c)

		4	9
−	1	2	1
	2	2	8

d)

		4	
−		3	9
	6	0	3

e)

	7		
−	3	3	8
	4	0	6

4 Überschlage zuerst und subtrahiere schriftlich.

a) 820 − 69

Ü:

b) 678 − 489

Ü:

5 Welche Fehler wurden gemacht? Markiere die Fehler und berichtige die Aufgabe.

a)

	H	Z	E
	4	5	9
−	1	2	5
	5	8	4

	H	Z	E

b)

	H	Z	E
	6	4	1
−	9	9	
	3	5	1

	H	Z	E

1–5 Schriftliche Subtraktion nach Ergänzungsverfahren und Abziehverfahren möglich

Diese Aufgaben waren für mich ☺ 😐 ☹

1 Wandle um. Schreibe auf drei Arten.

a)

147 cm	319 cm				
1 m 47 cm		4 m 86 cm	9 m 9 cm		
1,47 m				6,12 m	13,04 m

b)

36 mm		40 mm			
	5 cm 7 mm				0 cm 3 mm
			17 cm 3 mm	89 cm 0 mm	

c)

1 320 m			4 444 m	6 003 m	
					19 km 12 m
	4,209 km	6,099 km			

2 Ordne die Längen der Größe nach.

3 m 16 cm   316 m   613 cm   6 cm 3 mm   3,06 m   136 cm

____ < ____ < ____ < ____ < ____ < ____

3 Ergänze.

a) 560 m + ____ = 1 km
730 m + ____ = 1 km

b) 698 m + ____ = 1 km
271 m + ____ = 1 km

c) 97 m + ____ = 1 km
403 m + ____ = 1 km

4 Miss die Strecke mit dem Lineal. Schreibe auf.

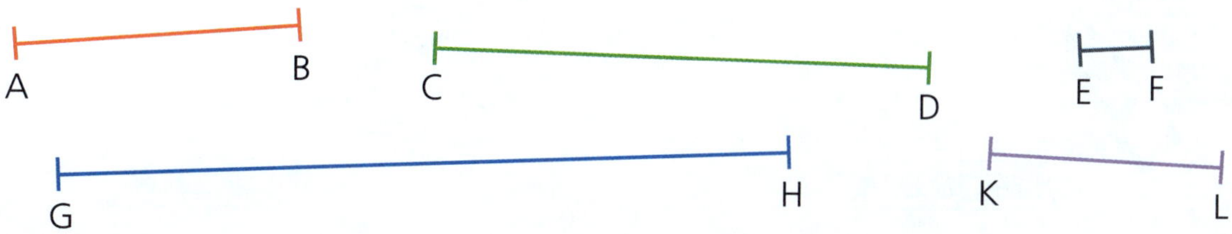

$\overline{AB}$ = ____ $\overline{CD}$ = ____ $\overline{EF}$ = ____ $\overline{GH}$ = ____ $\overline{KL}$ = ____

5 Zeichne die folgenden Strecken mit Lineal auf ein weißes Blatt.

a) $\overline{AB}$ = 4,5 cm
b) $\overline{CD}$ = 1 cm 7 mm
c) $\overline{EF}$ = 13,4 cm
d) $\overline{GH}$ = 4 mm
e) $\overline{KL}$ = 65 mm
f) $\overline{MN}$ = 7 cm 9 mm

Diese Aufgaben waren für mich ☺ 😐 ☹

1 Wandle in Kommaschreibweise um und rechne schriftlich.

a) 84 € 24 ct + 37 € 45 ct

b) 312 € 79 ct + 209 € 13 ct

c) 174 € 29 ct + 34 € 12 ct

d) 276 € 38 ct – 153 € 21 ct

e) 406 € 13 ct – 249 € 77 ct

f) 542 € 47 ct – 116 € 8 ct

g) 78 m 46 cm + 17 m 32 cm

h) 744 m 63 cm + 37 m 41 cm

i) 680 m 57 cm – 312 m 7 cm

2 Runde auf volle Euro.

a) 26,85 € ≈ ______ b) 144,52 € ≈ ______ c) 396,17 € ≈ ______ d) 285,09 € ≈ ______

3 Wie viel Geld bleibt übrig? Überschlage zuerst, rechne dann genau.

a) 

14,99 €

Ü:

R:

A: Es bleiben ____________ € übrig.

b) 

7,25 €

Ü:

R:

A: Es bleiben ____________ € übrig.

1, 3 Schriftliche Subtraktion nach Ergänzungsverfahren und Abziehverfahren möglich

Diese Aufgaben waren für mich ☺ 😐 ☹

1 Ordne die Kinder nach ihrem Gewicht. Beginne mit dem leichtesten Kind.

_______________ < _______________ < _______________

2 Verbinde.

100 g | 1 kg | 1 g | 500 g | 250 g | 20 g

3 Male gleiche Gewichte in der gleichen Farbe an.

$\frac{1}{2}$ kg | 1 kg | 500 g | $\frac{1}{4}$ kg | 250 g | 1 000 g

4 Ordne der Größe nach.

25 kg | 500 kg | 1 000 g | 750 g | $\frac{1}{2}$ kg | 250 g

_______ < _______ < _______ < _______ < _______ < _______

5 Ergänze.

a)		b)		c)	
300 g + ___	= 1 kg	100 g + ___	= $\frac{1}{4}$ kg	100 g + ___	= $\frac{1}{2}$ kg
740 g + ___	= 1 kg	220 g + ___	= $\frac{1}{4}$ kg	230 g + ___	= $\frac{1}{2}$ kg
72 g + ___	= 1 kg	45 g + ___	= $\frac{1}{4}$ kg	93 g + ___	= $\frac{1}{2}$ kg
8 g + ___	= 1 kg	6 g + ___	= $\frac{1}{4}$ kg	7 g + ___	= $\frac{1}{2}$ kg

6 Setze ein: >, < oder =

a)	b)	c)	d)
800 g ◯ 300 g	973 g ◯ 937 g	500 g ◯ $\frac{1}{2}$ kg	1 000 kg ◯ 1 g
780 g ◯ 870 g	261 g ◯ 621 g	$\frac{1}{4}$ kg ◯ 250 kg	50 g ◯ 50 kg

Diese Aufgaben waren für mich ☺ 😐 ☹

1 Verbinde jeweils mit dem passenden Messbecher.

$\frac{1}{4}$ l | $\frac{1}{2}$ l | 1 l | $\frac{3}{4}$ l

500 ml | 1 000 ml | 750 ml | 250 ml

2 Ordne der Größe nach.

75 ml | 1 000 ml | $\frac{3}{4}$ l | 250 ml | $\frac{1}{2}$ l | 750 l

_______ > _______ > _______ > _______ > _______ > _______

3 Ergänze.

a) 800 ml + ____ = ____ = 1 l
630 ml + ____ = ____ = 1 l
948 ml + ____ = ____ = 1 l

b) 500 ml + ____ = ____ = $\frac{3}{4}$ l
280 ml + ____ = ____ = $\frac{3}{4}$ l
731 ml + ____ = ____ = $\frac{3}{4}$ l

c) 100 ml + ____ = ____ = $\frac{1}{4}$ l
180 ml + ____ = ____ = $\frac{1}{4}$ l
216 ml + ____ = ____ = $\frac{1}{4}$ l

d) 100 ml + ____ = ____ = $\frac{1}{2}$ l
267 ml + ____ = ____ = $\frac{1}{2}$ l
453 ml + ____ = ____ = $\frac{1}{2}$ l

4 Setze ein: >, < oder =

a) 240 ml ◯ 530 ml
246 ml ◯ 829 ml

b) 832 l ◯ 328 l
671 l ◯ 761 l

c) $\frac{3}{4}$ l ◯ 750 ml
$\frac{1}{2}$ l ◯ 250 ml

d) 500 ml ◯ 500 l
1 000 l ◯ 1 l

5 Wie viel haben die Kinder getrunken? Trage ein.

	 200 ml	 500 ml	 200 ml	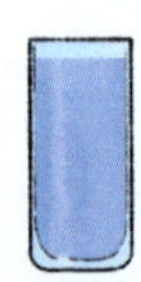 250 ml	 330 ml	gesamt
Hanna		1			1	
Max	2			2		
Emma	2		2			
Mira		1	1	1		
Tim				1	2	

Diese Aufgaben waren für mich ☺ 😐 ☹

1 Rechne.

a)
4 +
4 + 7 · 3 =
9 + 8 · 4 =
25 − 3 · 6 =
87 − 9 · 7 =

b)
4 · 9 + 46 =
6 · 6 − 13 =
42 : 7 + 22 =
54 : 9 − 6 =

c)
45 + 120 : 6 =
480 : 8 − 34 =
4 · 70 + 69 =
455 − 3 · 90 =

2 Rechne.

a)
7 · 4 − 4 · 5 =
6 · 8 + 3 · 3 =
5 · 5 − 2 · 9 =

b)
25 + 14 : 7 − 3 =
86 − 32 : 8 + 12 =
48 + 9 · 4 + 7 =

c)
4 · 60 + 9 · 30 =
810 : 9 − 9 · 10 =
34 + 160 : 2 + 69 =

3 Ergänze.

a) 7 · 6 = 38 + ■ Lösung:
7 · 6 > 38 + ■ Lösungen:

b) 6 · ■ = 3 · 4 Lösung:
6 · ■ < 3 · 4 Lösungen:

c) 48 − 8 > 8 · ■ Lösungen:
48 − 8 = 8 · ■ Lösung:

d) 63 : 7 = ■ · 3 Lösung:
63 : 7 > ■ · 3 Lösungen:

e) 59 + ■ < 11 · 6 Lösungen:
59 + ■ = 11 · 6 Lösung:

f) 36 − 9 = ■ · 9 Lösung:
36 − 9 > ■ · 9 Lösungen:

4 Ergänze.

a)
222 − 22 = ■ + 55 Lösung:
267 − 40 = 180 + ■ Lösung:
40 · 9 = 6 · ■ Lösung:
720 : 8 = 270 : ■ Lösung:

b)
345 − 45 > 295 + ■ Lösungen:
488 + 52 > 535 + ■ Lösungen:
12 · 4 > 9 · ■ Lösungen:
420 : 70 > 3 · ■ Lösungen:

Diese Aufgaben waren für mich ☺ 😐 ☹

Zahlen und Operationen								
Seite	Inhaltsbezogene Kompetenzen	++	+	0	–	––	Bemerkungen	Empfehlung
2	Stellenwerttabelle nutzen, Bündelungen darstellen							AH, FöH, FoH, KVs S. 7–9
2	Zahlen lesen und auf verschiedene Arten schreiben							AH, FöH, FoH, KVs S. 7–9
8	Hunderter/Zehner/Einer zu einer dreistelligen Zahl addieren							AH, FöH, FoH, KVs S. 20–22
8	Hunderter/Zehner/Einer von einer dreistelligen Zahl subtrahieren							AH, FöH, FoH, KVs S. 20–22
8	Fachbegriffe zur Addition und Subtraktion richtig benennen							AH, FöH, FoH, KVs S. 20–22
9	Dreistellige Zahlen halbschriftlich addieren und subtrahieren							AH, FöH, FoH, KVs S. 23–24
11	Mit Geldbeträgen in Kommaschreibweise rechnen							AH, FöH, FoH, KVs S. 29–30
11	Unterschied als Differenz bestimmen							AH, FöH, FoH, KVs S. 29–30
12	Überschlagsrechnungen im ZR 1 000 als Lösungskontrolle nutzen							AH, FöH, FoH, KVs S. 31–33
13	Vielfache berechnen und vergleichen							AH, FöH, FoH, KVs S. 34–35
13	Multiplikationsaufgaben mit 10 und 100 lösen							AH, FöH, FoH, KVs S. 34–35
15	Strategien bei der halbschriftlichen Multiplikation nutzen							AH, FöH, FoH, KVs S. 37–38
16	Teiler einer Zahl notieren und Teilbarkeitsregeln (2, 5, 10 und 100) anwenden							AH, FöH, FoH, KVs S. 42
18	Divisionsaufgaben halbschritlich lösen und mit der Umkehraufgabe kontrollieren							AH, FöH, FoH, KVs S. 44–47
23	Zwei oder mehrere Summanden schriftlich addieren							AH, FöH, FoH, KVs S. 58–61
24	Die schriftliche Subtraktion sicher ausführen							AH, FöH, FoH, KVs S. 64–69
24	Die schriftliche Subtraktion (Fehleraufgaben, Klecksaufgaben) erläutern und prüfen							AH, FöH, FoH, KVs S. 64–69
24	Ergebnisse mit einem Überschlag prüfen							AH, FöH, FoH, KVs S. 64–69
26	Schriftliche Addition und Subtraktion mit Kommazahlen							AH, FöH, FoH, KVs S. 75
26	Runden von Geldbeträgen							AH, FöH, FoH, KVs S. 75
26	Ergebnisse überschlagen							AH, FöH, FoH, KVs S. 75
29	Rechengesetze erkennen, erklären und nutzen							AH, FöH, FoH, KVs S. 80
29	Gleichungen und Ungleichungen mit allen vier Grundrechenarten lösen							AH, FöH, FoH, KVs S. 80

Größen und Messen								
Seite	Inhaltsbezogene Kompetenzen	++	+	0	–	––	Bemerkungen	Empfehlung
5	Maßangaben lesen und abmessen							AH, FöH, FoH, KVs S. 14–15
11	Geldbeträge in unterschiedliche Schreibweisen umwandeln							AH, FöH, FoH, KVs S. 29–30
19	Tabellen als Lösungs- und Rechenhilfe bei Sachrechenaufgaben einsetzen							AH, FöH, FoH, KVs S. 49
21	Uhrzeiten mit Stunden, Minuten und Sekunden bestimmen, Zeiger einzeichnen							AH, FöH, FoH, KVs S. 54–55
22	Zeitspannen in andere Einheiten umwandeln und berechnen							AH, FöH, FoH, KVs S. 56
25	Abkürzungen zu den standardisierten Maßeinheiten (mm, cm, m, km) verwenden und Messergebnisse in ganzzahligen Maßzahlen und Kommazahlen notieren							AH, FöH, FoH, KVs S. 71–74
25	Längen in unterschiedliche Schreibweisen umwandeln							AH, FöH, FoH, KVs S. 71–74
25	Längen ordnen und ergänzen							AH, FöH, FoH, KVs S. 71–74
25	Strecken genau messen und nach Vorgabe zeichnen							AH, FöH, FoH, KVs S. 71–74

25	Messergebnisse mit Maßzahl und standardisierten Maßeinheiten angeben							AH, FöH, FoH, KVs S. 71–74
27	Repräsentanten (Einheit kg) zuordnen							AH, FöH, FoH, KVs S. 76–77
27	Gewichtsangaben der Größe nach ordnen							AH, FöH, FoH, KVs S. 76–77
27	Ergänzungen zu 1kg, 1/2kg und 1/4kg							AH, FöH, FoH, KVs S. 76–77
28	Repräsentanten (Einheit l) zuordnen							AH, FöH, FoH, KVs S. 78–79
28	Volumenangaben der Größe nach ordnen							AH, FöH, FoH, KVs S. 78–79
28	Ergänzungen zu 1l, 3/4l, 1/4l und 1/2l							AH, FöH, FoH, KVs S. 78–79
28	Addition von Volumenangaben							AH, FöH, FoH, KVs S. 78–79

Raum und Form

Seite	Inhaltsbezogene Kompetenzen	++	+	0	–	––	Bemerkungen	Empfehlung
5	Geometrische Formen kennen und zeichnen							AH, FöH, FoH, KVs S. 14–15
5	Rechte Winkel überprüfen, einzeichnen und senkrechte Geraden zeichnen							AH, FöH, FoH, KVs S. 14–15
5	Parallele Geraden mit bestimmten Abstand zeichnen (Geodreieck)							AH, FöH, FoH, KVs S. 14–15
6	Den Umfang und Flächeninhalt in Einheitsquadraten bestimmen							AH, FöH, FoH, KVs S. 16
6	Den Flächeninhalt und Umfang von Figuren bestimmen und vergleichen							AH, FöH, FoH, KVs S. 16
7	Symmetrieachsen einzeichnen und Figuren achsensymmetrisch ergänzen							AH, FöH, FoH, KVs S. 18–19
20	Körpern die richtigen Seitenflächen zuordnen							AH, FöH, FoH, KVs S. 50–53
20	Geometrische Körper erkennen und benennen							AH, FöH, FoH, KVs S. 50–53
20	Würfelnetze finden und prüfen							AH, FöH, FoH, KVs S. 50–53
20	Passende Baupläne und Würfelgebäude zeichnen und zuordnen (verschiedene Ansichten)							AH, FöH, FoH, KVs S. 50–53

Muster und Strukturen

Seite	Inhaltsbezogene Kompetenzen	++	+	0	–	––	Bemerkungen	Empfehlung
3	Zahlen am Zahlenstrahl ablesen							AH, FöH, FoH, KVs S. 11
3	Vorgänger/Nachfolger/Nachbarzehner/Nachbarhunderter ermitteln							AH, FöH, FoH, KVs S. 11
4	Zahlen auf der Tausendertafel bestimmen							AH, FöH, FoH, KVs S. 12
4	Wege auf der Tausendertafel gehen							AH, FöH, FoH, KVs S. 12
10	Ergänzungsaufgaben bei der Addition und Subtraktion im ZR 1 000 lösen							AH, FöH, FoH, KVs S. 27–28
10	Umkehraufgaben zur Lösung von Ergänzungsaufgaben im ZR 1 000 nutzen							AH, FöH, FoH, KVs S. 27–28
14	Analogien zur Lösung von Multiplikationsaufgaben mit Zehnerzahlen nutzen							AH, FöH, FoH, KVs S. 36
17	Analogien bei Divisonsaufgaben nutzen							AH, FöH, FoH, KVs S. 43

Daten, Häufigkeit und Wahrscheinlichkeit

Seite	Inhaltsbezogene Kompetenzen	++	+	0	–	––	Bemerkungen	Empfehlung
12	Daten vereinfachen (runden)							AH, FöH, FoH, KVs S. 31–33
12	Daten in einem Diagramm darstellen							AH, FöH, FoH, KVs S. 31–33
12	Kombinationsmöglichkeiten systematisch notieren							AH, FöH, FoH, KVs S. 31–33

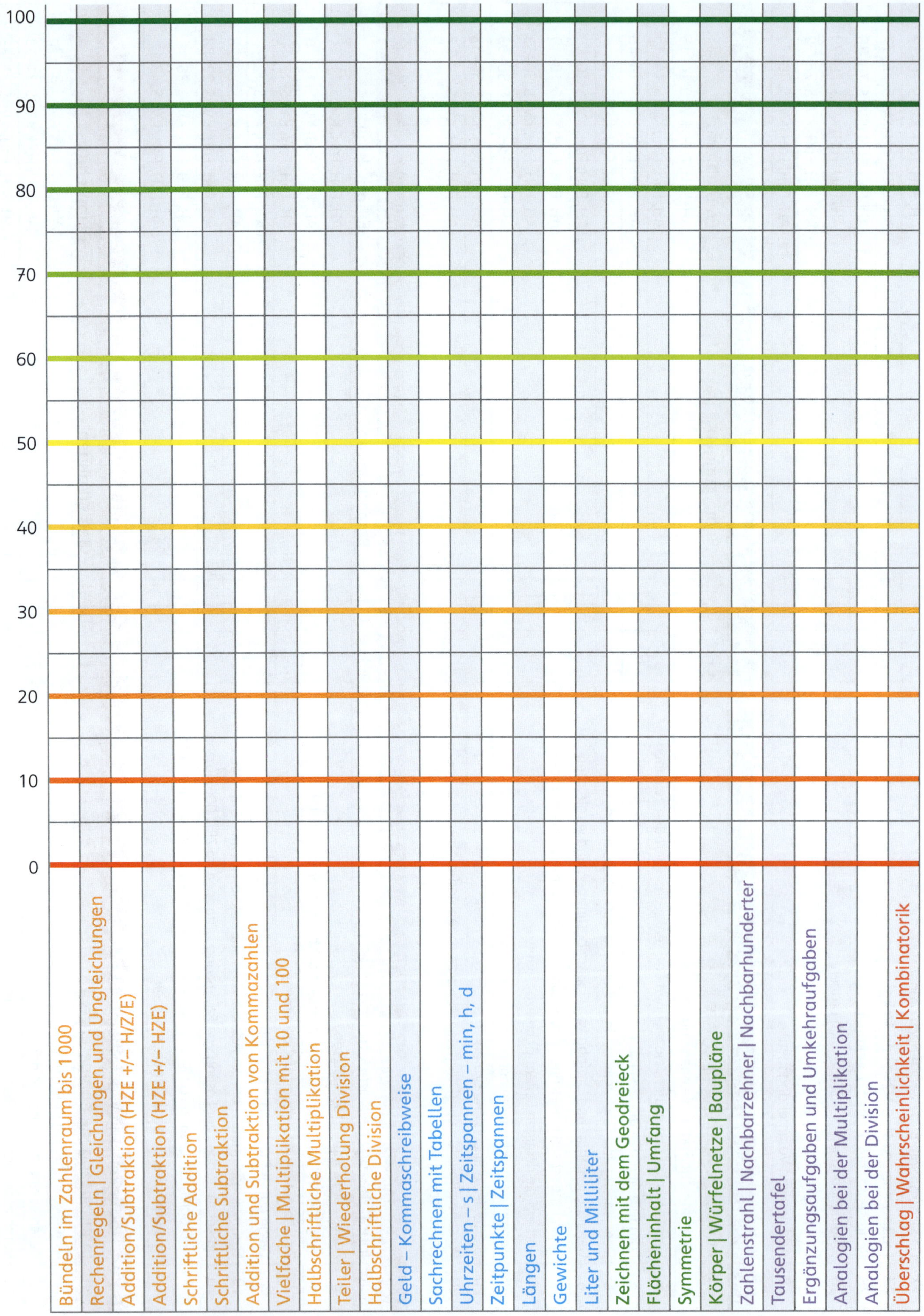
100
90
80
70
60
50
40
30
20
10
0
Bündeln im Zahlenraum bis 1000
Rechenregeln | Gleichungen und Ungleichungen
Addition/Subtraktion (HZE +/– H/Z/E)
Addition/Subtraktion (HZE +/– HZE)
Schriftliche Addition
Schriftliche Subtraktion
Addition und Subtraktion von Kommazahlen
Vielfache | Multiplikation mit 10 und 100
Halbschriftliche Multiplikation
Teiler | Wiederholung Division
Halbschriftliche Division
Geld – Kommaschreibweise
Sachrechnen mit Tabellen
Uhrzeiten – s | Zeitspannen – min, h, d
Zeitpunkte | Zeitspannen
Längen
Gewichte
Liter und Milliliter
Zeichnen mit dem Geodreieck
Flächeninhalt | Umfang
Symmetrie
Körper | Würfelnetze | Baupläne
Zahlenstrahl | Nachbarzehner | Nachbarhunderter
Tausendertafel
Ergänzungsaufgaben und Umkehraufgaben
Analogien bei der Multiplikation
Analogien bei der Division
Überschlag | Wahrscheinlichkeit | Kombinatorik